LO QUE DICEN LOS LÍDERES

"Este es un recurso excelente para ayudar a los creyentes a identificar sus dones espirituales en el contexto de los grupos celulares. Este libro también prepara a los líderes de grupos celulares para que impulsen a todos los miembros a utilizar sus dones espirituales. Lee este libro y verás como se aviva tu grupo celular"

Pat Robertson, Director Ejecutivo,
Christian Broadcasting Network; emite *The 700 Club*

"Nada puede traer más animación y vitalidad a un grupo celular que los miembros descubran, desarrollen y utilicen sus dones espirituales. Este libro tan oportuno es un mapa de carreteras eficaz que muestra cómo llegar allí y activar todo el potencial para el ministerio. Te animo a leerlo ¡y utilizarlo!

C. Peter Wagner, rector, Wagner Leadership Institute

"A lo largo de la historia, la renovación de la Iglesia se ha visto impulsada por el redescubrimiento de la promesa de Dios en Hechos 2: "Derramaré mi Espíritu sobre la carne...". Este libro guiará a sus lectores hacia el reconocimiento de esa realidad como factor esencial en los ministerios de grupos celulares, uno de los medios más eficaces para evangelizar en nuestra era posmoderna".

Paul E. Pierson, profesor de historia de misiones,
Fuller Theological Seminary

"Una vez más Joel Comiskey nos presenta un libro que ayudará a dar forma a las iglesias celulares en la generación venidera. Sus perspectivas son frescas y bíblicas."

Ralph Neighbour, fundador, TouchGlobal

"Joel Comiskey ha proporcionado de nuevo al cuerpo de Cristo una importante herramienta para ver revelarse el Reino de Dios a través de los grupos celulares. Si la presencia, la capacitación y los dones del Espíritu Santo no empapan la vida del grupo, este no será otra cosa que un truco evangélico para el crecimiento de la iglesia. El grupo celular lleno de Espíritu es un libro indispensable para que lo lean todos los pastores y líderes que deseen ver que el cristianismo del siglo primero se restaura en el siglo veintiuno".

Chuck Crismier, fundador, Save America Ministries;
Presentador de radio, *Viewpoint*

El Grupo Celular
LLENO DEL *ESPÍRITU*

Haz que tu grupo
experimente los dones
espirituales

Joel Comiskey

CCS Publishing

www.joelcomiskeygroup.com

© 2011, 2016 by Joel Comiskey

Publicado por CCS Publishing
23890 Brittlebush Circle
Moreno Valley, CA
www.joelcomiskeygroup.com
1-888-511-9995

Todos los derechos reservados en todo el mundo. Ninguna parte de esta publicación puede ser duplicada o transmitida en forma alguna o por medio alguno, electrónico o mecánico, incluyendo fotocopias, grabaciones o cualquier otro sistema de almacenamiento de información, sin el permiso por escrito de CCS Publishing.

Todas las citas bíblicas, a menos que se indique lo contrario, son de la Santa Biblia, Nueva Versión Internacional, Copyright © 1973, 1978, 1984 por Sociedades Bíblicas Internacional. Usados con permiso.

Catalogo del libro *The Spirit-filled Small Group* en ingles es lo siguiente:

Comiskey, Joel, 1956-
    The Spirit-filled small group : leading your group to experience the spiritual gifts / Joel Comiskey.
        p. cm.
    Includes bibliographical references (p.   ) and index.
    ISBN 0-8007-9386-2 (pbk.)
    (*El Grupo Celular lleno del Espíritu* en español ISBN 978-1-935789-25-3)

    1. Church group work. 2. Small groups. 3. Gifts, Spiritual. I. Title.
BV652.2C644 2005
    253p.7—dc22   2005009888

Para C. Peter Wagner mi mentor y modelo
en el ministerio que me ha inspirado para
pensar más allá de lo establecido

CONTENIDO

Introducción 9

Parte 1 Liderazgo lleno del Espíritu 19
1. Llenarse del Espíritu 21
2. Vivir en el Espíritu 35

Parte 2 Grupos llenos del Espíritu 51
3. La alabanza y la Palabra en los grupos llenos del Espíritu 53
4. Edificación en grupos llenos de Espíritu 71

Parte 3 Los dones del Espíritu en los grupos celulares 89
5. El cuerpo de Cristo y los grupos celulares 91
6. Cómo funcionan los dones en los grupos celulares 111
7. Dones de servicio y formación 137
8. Dones de alabanza 157
9. Orar en los grupos celulares 177

Notas 193
Bibliografía 199
Índice 203
Recursos de Joel Comiskey 209

INTRODUCCCIÓN

Los recursos para los grupos celulares tienden a pasar por alto la parte espiritual del liderazgo en estos grupos. Y sin embargo la mayoría estaría de acuerdo en que la preparación espiritual es el aspecto más importante a la hora de dirigir un grupo celular. Solo el poder sobrenatural de Dios puede conducir a la gente hacia la verdad y liberarlos para ser todo lo que Dios quiere que sean. Sólo a través del poder del Espíritu Santo podemos esperar ver los milagros de los que hablaba Jesús cuando decía que si permanecemos en él, llevaremos más fruto e incluso realizaremos mas obras que las que él hizo mientras estuvo en la tierra.

Lo que más me gusta del ministerio de grupos celulares es el ambiente íntimo y confortable en el que Dios tiene la oportunidad perfecta para cambiar la vida de la gente, prepararla para el ministerio y extender su reino. He visto que esto sucedía una y otra vez en mi propio ministerio.

A los diecinueve años, era un cristiano ferviente (había aceptado a Cristo dos años antes) que vivía en Long

Beach, California, cuando Dios me dijo que pronto estaría dirigiendo un estudio bíblico casero. Varias semanas más tarde, mi hermano Andy, un flamante nuevo creyente, me comentó la posibilidad de dirigir un grupo pequeño de amigos que acababan de abandonar el dominio de Satanás. Nos reuníamos todos los viernes en casa de mis padres o en la casa de nuestra amiga Gloria. Nuestra agenda para aquellas reuniones era sencilla: queríamos a Dios.

Cometí muchos errores dirigiendo ese grupo. En aquel tiempo, pensaba que "lleno del Espíritu" significaba que no necesitaba preparar la lección, que simplemente podía abrir la boca y esperar que Dios la llenara. No es necesario decir que fue un tiempo de aprendizaje y crecimiento.

A pesar de mis fallos, el Espíritu de Dios, combinado con Su palabra, transformó la atmósfera de nuestro grupo celular. Nos hicimos muy amigos. Los dones del Espíritu fluían en cada reunión, recordándonos que Él estaba vivo y obrando en nosotros. A veces nos reuníamos cuarenta personas, pero la mayor parte del tiempo el grupo central estaba formado por quince jóvenes que nos reuníamos en casa de mis padres semana tras semana.

Una semana, Ginger Powers, un misionero que pasaba Biblias a escondidas a Europa del este, nos habló sobre las misiones. A medida que hablaba de la compasión de Dios por el mundo perdido, yo sentí el llamado claro de Dios hacia las misiones. Meses más tarde, entré en Youth With a Mission (Jóvenes con una misión), que centraba su misión en Canadá. Poco después, me inscribí en una escuela bíblica canadiense con el propósito de comenzar mi carrera misionera después de graduarme. Aunque el grupo dejó de reunirse regularmente, nos seguíamos reuniendo por Navidad y en las vacaciones de verano para compartir nuestro vínculo común.

Durante ese tiempo, Dios despertó en mi corazón el amor por el ministerio con grupos celulares, un amor que continúa en la actualidad. Mi esposa, Celyce, y yo servimos como misioneros en Ecuador desde 1990 hasta 2001, momento en el cual regresamos a Norteamérica para ser misioneros. El ministerio de grupos celulares es en lo que he trabajado a tiempo completo investigando, escribiendo y ministrando los últimos trece años. Mi esposa y yo dirigimos un grupo celular semanal en nuestra casa e incluso hemos comenzado una iglesia celular en el Sur de California llamada Wellspring. En este momento de nuestras vidas no podríamos vivir sin el ministerio de grupos celulares.

EL DISTINTIVO DE ESTE LIBRO

La clave distintiva de este libro es la perspectiva espiritual que da al ministerio de grupos celulares. Mucha de la literatura sobre grupos celulares que se han publicado trata sobre la técnica de los grupos celulares y solo toca brevemente el poder del Espíritu. Este libro es una guía de referencia práctica para ayudar al liderazgo del grupo celular a iniciarse en el ámbito sobrenatural.

La primera prioridad de este libro es ayudar a los líderes de los grupos celulares y a sus miembros a confiar en que el Espíritu Santo les guiará, capacitará y obrará en el grupo. Los impulsores de los grupos celulares a menudo sufren la carencia de guía, poder y autoridad espiritual. Jesús sabía que sus discípulos carecerían de poder sin un toque del Espíritu Santo, así que les pidió que esperaran en Jerusalén diciendo: "Recibiréis poder cuando haya venido sobre vosotros el Espíritu Santo, y me seréis testigos en Jerusalén, en toda Judea, en Samaria y hasta lo último de la tierra" (Hch. 1:8). Los líderes de los grupos celulares necesitan estímulo para que el ministerio sea relevante y excitante.

La segunda prioridad de este libro es ayudar al impulsor a identificar y movilizar a todos los miembros del grupo para que utilicen sus propios dones espirituales. Los impulsores a menudo no se sienten preparados para identificar los dones espirituales de la gente del grupo. Creo firmemente que el ambiente del grupo celular es el lugar perfecto para desarrollar los dones del Espíritu en la vida de cada uno de los miembros, y por lo tanto es esencial que el impulsor sepa cómo hacerlo.

Un pastor amigo mío me animó una vez a descubrir cómo funcionan los dones espirituales en los grupos celulares. Se lamentaba de que no existiera material específico sobre este tema. Para cubrir esta necesidad, contrató a un experto en dones espirituales para que viniese a su iglesia a enseñar a los líderes de los grupos celulares sobre el tema de los dones espirituales. Oro para que este libro no sirva únicamente para que los líderes de grupos celulares descubran cuáles son sus dones espirituales, sino también para que los pastores fomenten el uso de los mismos dentro del ministerio de grupos celulares.

GRUPOS CELULARES GUIADOS POR EL ESPÍRITU

George Barna señala que el 37 por ciento de los miembros de las iglesias pentecostales y carismáticas asisten a grupos celulares durante la semana, frente a los miembros de las iglesias bautistas (22 por ciento) o metodistas (15 por ciento).[1] Como la membresía es mayor en las iglesias pentecostales y carismáticas, también se puede asumir que hay más líderes informados que pueden promover grupos en el ambiente carismático.

Sin una dependencia total de la obra del Espíritu Santo, el ministerio de grupos celulares no funciona bien, y normalmente acaba convirtiéndose en una tarea muy pesada. Lawrence Khong, pastor de una iglesia de células de unos 10.000 miembros en Singapur, señala: "Declararía inequívocamente que sin actuar según la vida y el poder del Espíritu, sería imposible tener una iglesia de células dinámica... Los miembros de los grupos celulares sin el poder del Espíritu se verían sobrepasados por las demandas de una estructura celular... La verdadera vida del cuerpo se experimenta sólo cuando los miembros dejan espacio para la obra del Espíritu y saben cómo ministrarse unos a otros con la unción del Espíritu."[2]

Cualquiera que sea la etiqueta denominacional o no denominacional de una iglesia, la característica más importante, en mi opinión, es promocionar la sensibilidad emocional, la devoción y la dependencia del Espíritu Santo. En una atmósfera cargada de Espíritu, los líderes celulares están muy bien preparados y los miembros se sienten impulsados a ministrar según sus dones.

Introducción

Algunas iglesias son mejores capacitando a la gente normal que otras. Las que zson menos hábiles para ello a menudo hacen que la gente normal y corriente sienta que necesitan una titulación teológica (parecida a la que posee el pastor) para desempeñar con éxito el ministerio en un grupo celular. En tales iglesias se enfatiza la adquisición de *conocimiento bíblico* en lugar de la *obediencia* a las Escrituras y la *dependencia* del Espíritu Santo. En esas iglesias se da mucho valor a quedarse sentado y escuchar la Palabra predicada cada domingo. Aunque estoy de acuerdo en que el entrenamiento del líder del grupo celular es esencial, al final el graduado debe quedarse a un lado y depender del Espíritu Santo. Y creo que el ministerio de grupos celulares gira en torno a esta dependencia.

Los líderes de grupos celulares y las iglesias eficaces enfatizan el poder del Espíritu Santo en la vida diaria y el hecho de que todos los creyentes son sacerdotes y ministros del Dios vivo. Esas iglesias resaltan la necesidad de que cada uno de sus miembros dependa del Espíritu Santo para guiarles, dirigirles, capacitarles e incluso tomar el texto bíblico y aplicarlo a la vida diaria. Es este ambiente el que hace que el ministerio de grupos celulares funcione con éxito, no importa si la iglesia es bautista, metodista o una asamblea de Dios. [3]

DESCRIPCIÓN DE LOS GRUPOS CELULARES

El ministerio de grupos celulares debe ser algo más que sentarse en círculo y escuchar a alguien decir un sermón. Debe implicar el ministerio de todos los miembros aplicando activamente la Palabra de Dios en la vida diaria. La definición de *grupo celular* que utilizaré en este libro, que es la que se usa en la mayor parte de las iglesias de células del mundo, es la siguiente: "un grupo de tres a quince personas que se reúnen semanalmente fuera de la iglesia para evangelizar, estar en comunión y discipular con el propósito de que el grupo se multiplique".

Esta definición ofrece una gran flexibilidad respecto a la homogeneidad, el material utilizado, el orden de reunión, el lugar de reunión y el grado de participación. Sin embargo la definición mantiene las características clave para el control de calidad.

Admitámoslo, hay muchos otros tipos de grupos en una iglesia, como los consejos, comités, el coro, grupos de escuela dominical y grupos de oración. Aunque los principios de este libro se aplican a todos estos grupos, yo me dirijo principalmente a esos grupos pequeños que se reúnen semanalmente para evangelizar y con la finalidad de multiplicarse, tal como se describe en la definición anterior.

Utilizo el término genérico de grupo celular en este libro debido a la gran variedad de títulos y nombres que reciben los grupos. Algunas de las iglesias con las que trabajo utilizan nombres como *grupos corazón, grupos de vida, grupos de células* para describir sus *grupos pequeños*. El término grupo celular, por lo tanto, abarca una amplia variedad de nombres.

QUIÉN DEBERÍA LEER ESTE LIBRO

Este libro ha sido escrito para los que lideran (impulsan), participan o están pensando en unirse a un grupo celular. Utilizo la palabra líder con cierta reserva debido a su connotación de posición y poder. En algunas culturas, por ejemplo, un *líder* es una persona que controla y domina. Mucha gente cree que un "líder cristiano" automáticamente adquiere una posición oficial en la iglesia. Sin embargo, según un nuevo consenso la palabra *líder* puede definirse con la palabra *influencia*. [4] Cuando utilizo la palabra *líder* en este libro, me estoy refiriendo a la persona que usa la capacidad que Dios le ha dado para influir en un grupo específico de gente de Dios para lograr los propósitos que Dios tiene para ese grupo. [5] A menudo intercambio la palabra *líder* con la de impulsor, porque los mejores líderes de grupos celulares animan a los miembros del grupo a la participación.

Aunque este libro ha sido escrito principalmente para preparar a los líderes de grupos celulares para actuar en el poder del Espíritu, su tema principal también les servirá al resto de los miembros del grupo, porque todos están implicados en hacer de lo sobrenatural una realidad en la vida del grupo. Los miembros del grupo deberían leer este libro por dos razones en particular: primera, los miembros pueden estar íntimamente implicados en hacer que se produzcan sucesos sobrenaturales, utilizando los dones, la intercesión, etc. Los mejores líderes de grupos celulares en realidad rara vez "dirigen" toda la célula, en su lugar lo que hacen es animar a los miembros de la célula a que participen activamente. Segundo, los miembros son los siguientes en la línea de dirección del grupo.

Asumo que los que están leyendo este libro son creyentes que aman a Dios y buscan caminar en el Espíritu. También asumo que los que leen este libro están estudiando la Biblia y madurando en su relación con el Señor.

TEMAS QUE NO TRATA ESTE LIBRO

La mayor parte de las iglesias de células han establecido un proceso de entrenamiento que prepara a los miembros del grupo para convertirse en un líder de grupo. No estoy hablando de ese tipo de entrenamiento en este libro; sin embargo, he dedicado un libro entero a hablar de ese tema porque pienso que el entrenamiento es esencial.[6] En este libro, sin embargo, asumiré que el líder o el miembro del grupo celular tiene o recibirá entrenamiento de la iglesia en temas tales como la doctrina, la vida devocional, la evangelización y las dinámicas del grupo celular.

Tampoco trataré el tema general de la dinámica de los grupos celulares: cómo dirigir un grupo celular. Ya lo he hecho en mi libro *Cómo dirigir un grupo celular con éxito* (Editorial CLIE, 2002). En ese libro, escribí sobre el orden de la reunión, promoción, transparencia, hacer preguntas estimulantes, escuchar, animar, alcanzar a no cristianos, etapas de los grupos celulares y muchos otros detalles [7] referentes a los grupos celulares.

Hay muchos libros estupendos dedicados a definir cada uno de los dones espirituales de forma detallada. Muchos otros autores tratan dones que van más allá del alcance de este libro, como la pobreza voluntaria, la hospitalidad, el celibato, las misiones, el exorcismo, el martirio, la creatividad artística, las manualidades y la música. En lugar de tratar todos los dones posibles, este libro se centra en cómo el Espíritu utiliza los dones de los miembros de los grupos celulares y guía al líder para que promueva un grupo lleno de Espíritu. Como este libro está escrito para un tipo de liderazgo no profesional y no para los líderes de las iglesias, no trataré de forma detallada los cinco tipos de oficios que Pablo menciona en Efesios 4. [8] En su lugar, los dones que trataré en este libro están enumerados explícitamente en las Escrituras (con la única excepción de la oración intercesora, a la que yo llamo don espiritual aunque algunos no están de acuerdo con ello).

Para ser eficaz en el liderazgo de un grupo celular recomiendo que cada líder tenga un asesor. Este asesor puede ser el pastor de una iglesia, el pastor de un grupo o un líder voluntario no profesional (por ejemplo, el líder de una célula madre que ha dado paso a un grupo celular nuevo). No trataré del tema del entrenamiento, ni de la estructura necesaria para entrenar a grupos celulares a fin de conseguir el éxito a largo plazo. He tratado el tema de la organización de la asesoría de los grupos celulares y de otros temas mencionados aquí, en otros libros. [9]

Empecemos ahora a estudiar cómo funcionan los dones espirituales en los grupos celulares.

Parte I

LIDERAZGO LLENO DEL
Espíritu

1

LLENARSE DEL ESPÍRITU

Viví dos años en Pasadena, California, la tierra del famoso Desfile de las rosas en año nuevo. Un año durante el desfile, una hermosa carroza empezó a renquear de repente hasta que se paró del todo. Se había quedado sin combustible. Todo el desfile tuvo que detenerse hasta que alguien consiguió una lata de combustible y consiguió poner en marcha de nuevo la carroza. Lo divertido del asunto es que esa carroza representaba a la compañía petrolífera Standard Oil. A pesar de sus muchos recursos petrolíferos, el camión de la compañía se había quedado sin combustible.

De forma muy parecida, los cristianos a menudo descuidan su mantenimiento espiritual, y aunque han sido llenados de Espíritu Santo, necesitan ser recargados nuevamente. Cuando al gran evangélico del siglo XVIII, D. L. Moody, le preguntaron por qué decía que necesitaba ser llenado del Espíritu Santo continuamente, él contestó, "¡Porque tengo un escape!" Como Moody, nos quedamos sin combustible y necesitamos el poder del Espíritu Santo para recargar nuestras vidas. Este capítulo aclarará cómo podemos recargarnos continuamente con el Espíritu Santo.

EL PODER DEL ESPÍRITU SANTO

En Efesios 5:18, Pablo escribió: "No os embriaguéis con vino, en lo cual hay disolución; antes bien *sed llenos* del Espíritu". En el griego original, la expresión sed llenos es un verbo en presente. Para expresar "llenado" Pablo hubiera utilizado el pasado o el futuro; en su lugar escogió el tiempo presente para denotar que el estar lleno de Espíritu Santo no es algo *pasado*, sino una experiencia continuada. Las Escrituras dicen que debemos ser llenos continuamente con el Espíritu, no sólo una vez o dos.

La palabra llenar suena rara cuando hace referencia al hecho de que el Espíritu Santo entre en nuestras vidas. El Espíritu de Dios no es un líquido como el agua: no llena a una persona de la misma forma que la leche fría llena una taza. El Espíritu Santo es Dios – es uno en esencia con el Padre y el Hijo – pero también es una persona distintiva y tiene todos los atributos distintivos de una persona. Por eso nos referimos al Espíritu Santo como a la tercera persona de la Trinidad. Muchos pasajes de las Escrituras apuntan a ello. [1] Como una persona, el Espíritu Santo busca, ayuda y guía. [2] Sabe; siente; quiere. Las Escrituras hablan de que el Espíritu Santo vigila, ama e instruye. [3] En Efesios 4:30, Pablo escribe: "Y no entristezcáis al Espíritu Santo de Dios, con el cual fuisteis sellados para el día de la redención." Sólo podemos entristecernos por alguien si ese alguien es una persona.

Como el Espíritu Santo es una persona, tiene más sentido hablar del *control* o del *impulso* del Espíritu Santo en nuestras vidas, que de que Él *llene* nuestras vidas. *Impulsados por el Espíritu Santo* es una buena manera de considerar nuestra respuesta a su control. Una persona llena con el Espíritu Santo está impulsada por el Espíritu, impulsada de forma gentil y amorosa. Una persona conducida por el Espíritu permite que el Espíritu Santo dirija y guíe cada decisión, plan y actividad. Como el mundo, la carne y el demonio se oponen al estilo de vida controlado por el Espíritu, necesitamos ser llenos y renovados continuamente.

Fui lleno con el Espíritu Santo por primera vez en 1974. En septiembre de 1973, aproximadamente cuatro meses antes, había recibido a Jesús diciendo la oración de la salvación en mi habitación, sin embargo mi vida carecía de poder. Durante estos primeros meses como cristiano, tenía miedo de proclamar a otros mi recién encontrada fe en Cristo. Estaba en el último año del instituto y deseaba desesperadamente mostrarme valiente en cuanto a mi fe. Mi falta de poder espiritual me llevó a asistir a un servicio milagroso de la Comunidad Shekinah que se reunía en la iglesia de Foursquare en el centro de Long Beach, California.

Aunque respondí al llamado general al altar después del servicio, sabía exactamente lo que necesitaba. Deseaba poder y valentía para no sentirme avergonzado de mi fe cristiana. Los ancianos de Shekinah oraron para que el Espíritu Santo me llenara completamente. Sabía que ellos esperaban que yo recibiera inmediatamente el don de lenguas como señal de que el Espíritu Santo había venido sobre mí.

No hablé en lenguas aquella noche, pero el cambio fue evidente al día siguiente. Mi madre y yo fuimos a la iglesia del pastor Chuck Smith, la Capilla del Calvario, en Costa Mesa, California. Todo lo que podía hacer era hablar de Jesús; di testimonio de Jesús a todo el que vi aquel día. Incluso interrogué a mi madre repetidamente sobre su fe. (Ella pasó por alto amablemente mi comportamiento entusiasta de aquellos días.)

Mi vida se transformó totalmente desde esa noche en adelante. Empecé a llevar mi Biblia a todas partes, colocándola en la esquina derecha de cada uno de los pupitres del instituto Millikan. Quería que la gente supiera que era creyente, y tenía confianza para probarlo. Sin embargo, la experiencia con la Comunidad Shekinah no fue suficiente. Necesité ser llenado varias veces por la gracia y el poder del Espíritu.

Más tarde, sí que hable en lenguas: con fe di el paso y oré en una lengua desconocida a Dios. Hablar en lenguas no fue una grandiosa experiencia emocional para mí, pero me ha ayudado mucho a lo largo del tiempo cuando no puedo expresar con palabras mis anhelos y peticiones a Dios. Agradezco el don de lenguas.

Algunos llamarían a lo que me ocurrió aquella noche de 1974 en la Comunidad Shekinah "el bautismo del Espíritu Santo". Otros dirían que es el "la primera llenura después de la conversión" de Joel Comiskey. Sin embargo, lo más importante es que yo necesitaba desesperadamente ser lleno por Él en 1974 y que lo sigo necesitando igualmente hoy. Creo que esa primera llenura en 1974 no fue suficiente; sólo fue el primero de una serie de encuentros consecutivos con el Espíritu Santo.

Incluso en el libro de los Hechos, los que recibieron las lenguas de fuego en Pentecostés en el capítulo 2, necesitaron el viento fresco del Espíritu Santo en el capítulo 4. Sólo *dos* capítulos más tarde, esos mismos apóstoles oraron al Señor y el lugar en el que estaban tembló "y todos fueron llenos del Espíritu Santo y hablaban con valentía la palabra de Dios" (Hechos 4:31).

Me parece que nuestros debates sobre terminología a menudo nos han impedido buscar ser llenos por el Espíritu de forma continua. Se puede considerar que todos los cristianos desean ardientemente ser llenos por el Espíritu, aunque no todos reciban la experiencia de la misma manera. Craig Keener, un profesor bautista del sur del Seminario Eastern que tuvo una experiencia con el Espíritu Santo similar a la mía dijo:

> Si pudiéramos pasar de debates semánticos en nuestras discusiones sobre el momento adecuado del bautismo del Espíritu Santo, tendríamos más tiempo para las cuestiones más prácticas que rodean la capacitación del Espíritu. Por ejemplo, casi todos los cristianos están de acuerdo en que los cristianos tienen el Espíritu gracias a haber nacido de nuevo. También estamos de acuerdo en que deberíamos experimentar con regularidad una vida llena con el Espíritu, caminar con el Espíritu, depender del poder del Espíritu en nuestro comportamiento y testimonio, y estar abiertos a experiencias con el Espíritu de Dios que se producen tras la conversión. [4]

Antes de dirigir un seminario sobre grupos celulares para líderes misioneros bautistas del sur en Praga, República Checa, en 2003, se me acercó uno de los líderes misioneros y me dijo: "La única manera de alcanzar Europa del este con el evangelio es buscar estar llenos de Espíritu Santo y obrar con todos los dones del Espíritu." Este líder misionero entendía que las fuerzas paganas y del demonio eran demasiado poderosas para que pudiésemos ministrar eficazmente sin rendirnos completamente a la obra del Espíritu Santo. Vigilaba cuidadosamente su terminología, pero estaba hablando el mismo idioma que oigo repetidamente por todo el mundo. Este misionero bautista del sur quería lo que otros ávidos creyentes por toda la cristiandad han deseado durante años: el poder y la plenitud del Espíritu Santo en la vida y el ministerio.

EL PODER DE LA ORACIÓN

Oí hablar de una iglesia cuyo órgano electrónico se paró en mitad de un himno durante el culto de un domingo por la mañana. La organista no estaba segura de lo que debía hacer. Afortunadamente el pastor tenía la situación bajo control, y pidió a la congregación que fueran leyendo las Escrituras, intentando guiarles en la oración también. Mientras leía la porción de las Escrituras, un acomodador se acercó a la organista y le entregó una nota que decía: *la electricidad volverá después de la oración.*

¡El poder sigue a la oración! Las Escrituras dejan bien claro que Dios está deseando llenarnos con su Espíritu Santo. Todo lo que tenemos que hacer es orar. Jesús enseñó a sus discípulos que el padre celestial daría libremente el Espíritu Santo a todo el que lo pidiera (ver Lucas 11:13). Pero Jesús no se contentó con hablar del Espíritu Santo sólo en una ocasión. Una y otra vez a lo largo de los evangelios, Jesús creó expectativas entre sus discípulos sobre la promesa del Espíritu Santo. Él sería un consolador, una guía y un maestro que les recordaría todo lo que Jesús les había dicho (ver Juan 14-16).

Mucha gente que habla o escribe sobre el Espíritu Santo transmite un mensaje opresivo del esfuerzo humano por conseguir estar llenos del Espíritu. Su mensaje, sea intencionado o no, resalta que "tenemos que *depender*", "tenemos que *ser llenos*", "tenemos que *ser sensibles*". Este enfoque me hace interiorizar en lugar de exteriorizar las maravillas del Espíritu Santo.

Creo al cien por cien que Dios espera una respuesta clara del ser humano, aunque el proceso no debería ser opresivo ni pesado. Leí un libro sobre el Espíritu Santo que me hizo sentir como si el Espíritu Santo fuera a alejarse inmediatamente si le "ofendía" de cualquier manera, incluso de la manera más ligera. Después de leer el libro, me sentí temeroso de cometer el más pequeño error, pensando que el Espíritu Santo era caprichoso y se apagaba con facilidad. Una vez más, sentía que todo dependía de *mí*.

Ahora creo que es al contrario. Según yo entiendo las Escrituras, el Espíritu Santo está ansioso, deseoso y entusiasmado de obrar en nosotros y fluir en nosotros, incluso aunque seamos seres humanos frágiles y débiles.

¡Pedid y se os dará! No conozco una forma más eficaz y mejor de ser llenos que sencillamente pidiendo que el Espíritu Santo nos llene. El poder viene después de la oración. No conozco ni un solo caso en la Biblia en el que Dios no haya derramado su Espíritu sobre aquellos que lo han pedido *sinceramente*.

Dios concedió a Elías su petición cuando este le pidió una doble porción del Espíritu (2 Reyes 2:9). Dios respondió a la petición de Salomón cuando este pidió a gritos la sabiduría del Espíritu para conducir a la nación de Israel (ver 1 Reyes 3:7-9). Jesús dijo claramente que nuestro amoroso Padre celestial daría libremente el Espíritu Santo a sus hijos (ver Lucas 11:13). Jesús repitió una y otra vez en los evangelios que el Padre deseaba responder a nuestras oraciones (ver Juan 14:13-14; 15:17; 16:23-24). Lo bueno es que el Espíritu desea controlar nuestras vidas – y esto es especialmente así en lo que se refiere a promover los grupos celulares. Mientras te preparas para formar tu propio grupo celular, pídele que te llene y te controle. Y Él lo hará.

Algunas personas preparan largas listas de pros y contras que deben realizarse antes de que Dios envíe su Espíritu Santo. Aunque algunas de estas sugerencias son obligatorias (como confesar el pecado y comprometerse a obedecer; ver Hechos 5:32), las listas largas a menudo ofrecen la falsa apariencia de un Dios un tanto reticente que juega al escondite con su pueblo.

Estoy escribiendo este libro para los miembros y líderes de grupos que aspiran a ministrar en el contexto del grupo celular, y por lo tanto asumo que desean la santidad y la conformidad con la verdad de las Escrituras. Pero pienso que nunca somos "suficientemente buenos" para recibir el Espíritu Santo. Como dice un antiguo dicho inglés "No hay nadie que no peque". Tú fallas, igual que yo. Confiesa cada pecado conocido y desea fervientemente obedecer. Pero no te pares aquí. Pídele valientemente que te llene, y Él lo hará. El Espíritu sabe que sin Él te quedarás sin combustible. El liderazgo de tu grupo celular, de hecho, depende del control del Espíritu y de su dirección en tu vida. Ora para que Él te llene y te controle. Y lo hará.

LA DISPOSICIÓN DEL ESPÍRITU SANTO A LLENARNOS

Después de que el Espíritu descendió en Pentecostés, se formaron iglesias por toda la región mediterránea. La mayoría de ellas recibieron el Espíritu Santo como don de gracia y continuaron creciendo en Cristo. Algunos, como los gálatas, cayeron en el legalismo. El apóstol Pablo reprendió a los gálatas por no mantener la fe sencilla: caminar con el Espíritu Santo. Pablo escribió: "Esto solo quiero saber de vosotros: ¿Recibisteis el Espíritu por las obras de la Ley o por el escuchar con fe? ¿Tan insensatos sois? Habiendo comenzado por el Espíritu, ¿ahora vais a acabar por la carne?" (Gálatas 3:2-3).

El Espíritu de Dios fluía libremente entre los gálatas mientras se relacionaban con el Espíritu Santo con fe y libertad. Al principio, los gálatas se regocijaron de estar llenos de Espíritu como un don puro y libre de fe. Sin embargo, hasta los gálatas cayeron en la tendencia humana hacia las buenas obras y el legalismo; el Espíritu tomó una posición secundaria y ya no se movió con libertad entre ellos. El Espíritu se mueve entre nosotros si estamos en gracia y tenemos fe.

Uno de los mayores obstáculos para el liderazgo en los grupos celulares es olvidarse de que el Espíritu Santo quiere llenarnos, bendecirnos, producir su fruto en nosotros y utilizar sus dones a través de nosotros. Nuestro principal trabajo es permitir que lo haga. Todo el mundo debería memorizar 1 Corintios 2:12: "Y nosotros no hemos recibido el espíritu del mundo, sino el Espíritu que proviene de Dios, *para que sepamos lo que Dios nos ha concedido*" (cursiva añadida). Uno de los ministerios principales del Espíritu Santo es revelar a sus hijos lo que el Padre celestial quiere darnos libremente.

Esto es así en especial para los líderes de los grupos celulares que se enfrentan al reto extra de ser pastores y cuidar del rebaño de Dios. El ámbito demoníaco trabaja sin descanso para desanimar a los líderes de los grupos celulares debido a la importancia que tiene su trabajo.

Los impulsores de grupos celulares tienen una gran necesidad de recibir ayuda y de poder descansar en su amor y gracia. Los líderes de los grupos celulares necesitan tiempo para escuchar los maravillosos planes que Dios tiene en forma de dones y bendiciones. Quiere derramarlos y derramarse a través de ellos.

NUESTRA NECESIDAD DE SER LLENOS POR ÉL

Una vez que nos damos cuenta de cuánto quiere bendecirnos y llenarnos el Espíritu Santo, necesitamos pasar tiempo en su presencia para ser llenos por Él una y otra vez. Creo firmemente en esto y escribí un libro entero sobre el tema de pasar un tiempo tranquilo en su presencia. [5] Animo enérgicamente a cada líder y miembro de grupo celular a pasar diariamente un tiempo de calidad orando con devoción, adorando y meditando sobre la Palabra de Dios. Creo que orar en paz diariamente es la disciplina más importante de la vida cristiana.

Además de las devociones diarias, los líderes de los grupos celulares deberían pasar tiempo con Dios antes de iniciar la reunión del grupo. Antes de que empiece la reunión déjate llenar por Dios, hasta que sientas todo el gozo y las innumerables y maravillosas riquezas de sentirte lleno de Él. Deja que Él se infiltre en tu mente, en tus actitudes y emociones. Salmos 16:11 dice: "Me mostrarás la senda de la vida; en tu presencia hay plenitud de gozo, delicias a tu diestra para siempre". El resultado natural de pasar el tiempo en presencia de Dios es gozo y paz.

El éxito de un grupo celular depende más de la preparación espiritual del líder que de la preparación de los temas. Una investigación estadística de tres mil líderes de grupos celulares demostró que la preparación espiritual del líder era mucho más importante que el tiempo pasado en preparar el material para la reunión. De hecho, es un error pensar que algo (como los tentempiés, el tema a tratar o limpiar la alfombra) es más importante que la preparación espiritual del líder antes de la reunión.[6] Recuerda la historia de Marta y María: la respuesta positiva de Cristo a María demostró que lo más importante en nuestras vidas es el tiempo que pasamos con Él. Descansar en presencia de Dios te dará la confianza, la perspectiva y el poder necesarios para llevar a tu grupo a nuevas cimas.

Durante el tiempo que pasas a solas con Dios, asegúrate de leer su Palabra. Medita en el pasaje que tienes ante ti. Mientras lo haces, te estás alimentando a ti mismo, y los demás notarán la diferencia (ver Timoteo 4:16). Escucha la voz de Dios: te mostrará cómo debes orar por cada uno de los miembros del grupo. Ante todo, busca el rostro de Dios y el te llenará con su Espíritu Santo. Pídele al Espíritu que te controle en este momento y en el de la reunión. Empieza a experimentar su gozo. Necesitas que el Espíritu fluya en tu vida para poder bendecir a los del grupo. Ellos verán la presencia de Dios en tu mirada, tu amor y tu autoridad ungida.

Si puedes, hazte el favor de pasar una o dos horas en su presencia antes del comienzo de la reunión. Incluso aunque tengas poco tiempo, haz que sean treinta minutos los que pases preparando tu alma. Tu grupo estará contento de que lo hayas hecho. Para el líder que está empleados cincuenta o sesenta horas semanales y le resulta difícil pasar tiempo en presencia de Cristo antes de la reunión del grupo, tienes que saber que el Espíritu Santo conoce la intención o el deseo de tu corazón. Está deseoso de llegar donde estás y llenarte allí mismo. Limítate a pedírselo. No caigas preso de la culpa o la condena.

Satanás, el acusador de los hermanos, es muy rápido recargando dardos mortales. Pero la gracia de Dios siempre es suficiente, y obrará en ti estés donde estés. Recuerda Salmos 32:1-2: "Bienaventurado aquel cuya trasgresión ha sido perdonada y cubierto su pecado. Bienaventurado el hombre a quien Jehová no culpa de iniquidad y en cuyo espíritu no hay engaño". Después el versículo 7 expresa la fe del salmista, con la respuesta de Dios en el versículo 8:

"Tú eres mi refugio; me guardarás de la angustia; con cánticos de liberación me rodearás. Te haré entender y te enseñaré el camino en que debes andar; sobre ti fijaré mis ojos".

LA AUTÉNTICA FUENTE DE PODER

En 1972, la NASA lanzó la sonda espacial de exploración Pioneer 10. La principal misión del satélite era llegar a Júpiter, fotografiarlo junto con sus lunas y después enviar a la Tierra los datos sobre los campos magnéticos del planeta, los cinturones radioactivos y la atmósfera. Los científicos consideraban esto un plan ambicioso porque hasta ese momento ningún satélite había llegado más allá de Marte. El Pioneer 10 cumplió ampliamente las expectativas de sus diseñadores, no solo sobrevolando Marte, sino también Júpiter, Urano, Neptuno y Plutón. En 1997, 25 años después de su lanzamiento, el Pioneer 10 estaba a más de nueve billones de kilómetros del sol y a pesar de la enorme distancia, el satélite sigue enviando señales de radio a los científicos de la tierra. ¿Cómo continúa emitiendo señales el Pioneer 10? Con el transmisor de ocho vatios. La clave del éxito continuado del Pioneer 10 es su fuente de alimentación.

El poder de Pentecostés está a disposición de todos los creyentes hoy en día, incluyéndote a ti, ¡y especialmente a ti! Tu trabajo de líder de grupo celular es muy significativo porque estás siendo pastor de la Iglesia de Jesucristo. Estás íntimamente implicado en la transformación de la vida de aquellos por los que Cristo murió. Y tu grupo es el instrumento de Dios para ayudar a la gente perdida a encontrar su camino hacia Dios.

Tu participación llena de Espíritu añadirá vida al cuerpo de Cristo. El Espíritu Santo está disponible para llenar, guiar y derramar su gracia. Solo tienes que pedir.

2

VIVIR EN EL ESPÍRITU

Llevo casado con mi esposa, Celyce, casi dieciocho años. Creí que la conocía cuando recorrimos el pasillo de la iglesia Long Beach Alliance en 1988. Pero ahora me doy cuenta de que casi no la conocía entonces. He tardado dieciocho años en desvelar quién era realmente Celyce y cómo me podía relacionar mejor con ella. Mi amor por Celyce ha crecido a lo largo de estos dieciocho años. También he pasado por el desafío de saber lo insensible que puedo llegar a ser. Como soy el único hombre de casa, rodeado como estoy de Celyce y de nuestras tres hijas, la necesidad de ser sensible es mucho mayor.

Madurar en nuestro caminar y en nuestra sensibilidad hacia el Espíritu Santo es de lo que trata la vida del cristiano. Caminar con la Persona del Espíritu Santo es una aventura excitante, pero también se tarda tiempo en aprender quién es Él, lo que le gusta y cómo complacerle.

CENTRARSE EN SU PODER

Una lección que he aprendido sobre el Espíritu Santo es que no pide, exige o quiere que seamos autosuficientes. De hecho, cuando más gloria recibe es cuando Él está al mando y no nosotros. Cuando nosotros somos más débiles, Él es más fuerte. A menudo en esos momentos en los que nos sentimos más frágiles, desorientados e inquietos, el Espíritu Santo tiene más oportunidad de manifestar su fuerza, poder y creatividad. El Espíritu Santo quiere que nos aferremos a Él y le llamemos a gritos. Cuando somos fuertes, no solemos sentir la necesidad o el deseo de hacerlo. Pero nuestro desamparo crea la oportunidad de echarnos en sus brazos.

A lo largo del Antiguo y Nuevo Testamento, vemos un Dios que busca recipientes que se parezcan a Él y le den gloria. Por ejemplo, Dios tuvo que vencer al ejército de Gedeón para que él no se jactara de su propia fuerza. Cuando Dios mermó el ejército de Gedeón a trescientos hombres y las oportunidades de victoria por medios humanos se hicieron casi imposibles, Dios le dijo a Gedeón que avanzase. Y como siempre, Dios venció de una forma milagrosa (ver Jueces 7).

Dios dio a Pablo una revelación tras otra, pero al final se hizo tan egoísta que Dios no le pudo utilizar más (ver 2 Corintios 12:7). Para remediar la situación, Dios le dio a Pablo una carga – una dolorosa prueba – para que pusiese sus ojos solo en Dios. Aunque Pablo le suplicó a Dios que le quitase aquella prueba, Dios se negó diciendo:

"Bástate mi gracia, porque mi poder se perfecciona en la debilidad" (2 Corintios 12:9). Pablo concluyó:

> Por tanto, de buena gana me gloriaré más bien en mis debilidades, para que repose sobre mí el poder de Cristo. Por lo cual, por amor a Cristo me gozo en las debilidades, en insultos, en necesidades, en persecuciones, en angustias; porque cuando soy débil, entonces soy fuerte.
>
> 2 Corintias 12:9-10

Pablo escribió que Dios ha escogido gente débil, poco inteligente y despreciada a los ojos del mundo para que Su gloria se manifieste claramente y todo el mundo pueda reconocer inmediatamente la gracia y el poder de Dios. Dios deja claro a lo largo de las Escrituras que quiere toda la gloria (ver 1 Corintios 1:31).

Si eres el impulsor de un grupo celular y te sientes débil e inadecuado, ¡estás en el lugar correcto! Tu debilidad es la oportunidad de que el Espíritu Santo glorifique al Padre. En lugar de pedirle a Dios que elimine tu inseguridad, pídele a Dios que reciba la gloria a través de ella. A Dios le encanta utilizar a líderes de grupos celulares débiles que le miran a Él en lugar de mirarse a sí mismos.

Una de mis heroínas es una mujer llamada Lorgia Haro. Allá por 1995, Lorgia aceptó con ciertas dudas ser la anfitriona de un grupo celular. El líder del grupo al que ella asistía se mudaba y yo prácticamente suplicaba que alguien se hiciese cargo de él mientras encontrábamos un nuevo líder. Lorgia levantó la mano muy despacio, pero comentó sus sentimientos de incapacidad debido a su naturaleza tímida y a que su marido no era cristiano.

Lorgia cumplió con su cometido y abrió su casa al grupo. Al contrario que Lorgia, nosotros no cumplimos con nuestro cometido: ¡nunca encontramos un líder para el grupo! Como no había nadie más para liderar ella asumió el cargo. Pidió al Espíritu Santo que le diera fuerza antes de cada reunión. Su timidez la obligó a depender de la fuerza de Dios, y a través de su debilidad, Jesús la utilizó para amar a la gente del Reino. El grupo creció. A medida que ella aumentaba su confianza en el poder del Espíritu Santo, animaba a los miembros a que formaran sus propios grupos. "Si yo puedo hacerlo", razonaba ella "tú también puedes". En el espacio de siete años, su grupo se multiplicó 12 veces y más de setenta personas recibieron a Cristo. Su esposo fue uno de los convertidos. Nuestra iglesia creció enormemente gracias a una persona débil y tímida llamada Lorgia Haro.

Michael Neumann, profesor del Seminario Western, estudió a líderes de grupos celulares de todo el mundo y observó el mismo patrón. Concluyó que el Espíritu Santo se especializa en utilizar a la gente débil y dependiente. En su libro *Home Groups for Urban Cultures* (Grupos caseros para culturas urbanas), Neumann escribe sobre dos líderes:

> Ellos habían comenzado tres o más grupos, y el liderazgo parecía un tanto extraño. La mujer era excepcionalmente tímida y el hombre tenía problemas para expresarse.... Me impresionó que no fueran los dones de la comunicación los que dieran lugar a un nuevo grupo casero. El cuidado y la oración... son las claves para iniciar nuevos grupos. Estos líderes permitían que otra gente participase, reconociendo

que los demás tenían dones que necesitaban ser utilizados. [1]

Supongo que los dos líderes del estudio de Neumann descubrieron la energía del Espíritu Santo en sus propias debilidades: la timidez y la falta de habilidad para la expresión oral. Las Escrituras nos dicen que observemos al Señor y busquemos siempre su rostro (ver Salmos 105:4-5). Me he dado cuenta en diversas ocasiones que los líderes de grupos celulares que se sienten débiles pero que se agarran al poder de Dios son los más eficaces. Estos líderes se dan cuenta de que sin la fuerza de Dios, no tienen nada que ofrecer al grupo.

LA UNCIÓN DEL ESPÍRITU POR ENCIMA DE LA INFORMACIÓN

Los líderes de los grandes grupos celulares permanecen informados. Están leyendo constantemente y aumentando en conocimiento. Estudian y meditan sobre la Palabra inerrante de Dios, y viven de acuerdo a ella. También están familiarizados con la dinámica de los grupos celulares. Valoran la preparación de los temas y están mentalmente preparados para cuando llega el final del grupo. Pero también he detectado un peligro: algunos líderes se vuelven dependientes del conocimiento y la información, como si esto reemplazara la guía del Espíritu Santo.

Tantas cosas inesperadas suceden durante la vida de un grupo celular normal: miembros que llegan tarde, bebés que lloran, cuerdas de guitarra que se rompen, el señor charlatán que está todavía más charlatán de lo normal, y ha traído con él un visitante hablador. Los planes "ya preparados" ofrecen poca ayuda en las situaciones de la vida real de los grupos celulares.

Los grandes grupos celulares dependen de la sabiduría y la dirección del Espíritu. La información, los planes y la preparación ayudan, pero resultan insuficientes. Es el sentido común de la unción del Espíritu lo que garantiza el éxito y ayuda al líder a tomar decisiones en cada momento dado. Jesús dijo que el Espíritu Santo proporcionaría confort, consejo y guía. El Espíritu desea llenar de gracia la Iglesia mediante sus dones y ver que la gente cambia, se cura y está ansiosa por tener más de Él.

El apóstol Juan advertía a los creyentes del siglo primero que no buscaran un conocimiento especial (Gnosticismo) de los maestros del misterio que supuestamente habían llegado a un nivel de espiritualidad más alto. En su lugar, Juan les dijo:

> Pero la unción que vosotros recibisteis de él permanece en vosotros y no tenéis necesidad de que nadie os enseñe; así como la unción misma os enseña todas las cosas, y es verdadera, y no es mentira, según ella os ha enseñado, permaneced en él.
>
> 1 Juan 2:27

¡Todos los creyentes tienen al Dios del universo residiendo en ellos! Mientras Dios forma maestros para la Iglesia, el maestro entre maestros, el Espíritu Santo, vive dentro de ti.

Pide al Espíritu Santo que te haga recordar lecciones de valor durante las reuniones. Recuerda que tienes conectado continuamente a tus oídos un aparato de escucha eterno. Si dependes de Él y escuchas de buen grado su voz, Él te enseñará qué hacer durante las reuniones del grupo. Te guiará. Cuando empiece la reunión, ajústate un poco a tu planes preconcebidos y confía en que el Espíritu Santo guíe el transcurso de la reunión, te lleve a donde te lleve.

La técnica y las dinámicas de los grupos celulares deben ser los aspectos más importantes de los grupos celulares no religiosos. Sin embargo, los grupos celulares cristianos son distintos. Dios es la principal atracción. El Espíritu da energía a todos los miembros para que participen según sus dones y talento. El conocimiento y la información, aunque es importante, tiene una importancia secundaria para el Espíritu. Dios el Padre susurra la dirección a los líderes de los grupos a través del Espíritu Santo. Su unción enseña antes, durante y después del grupo celular. Debemos permitir que Él obre en nosotros y nos dé las victorias que tan desesperadamente necesitamos.

Mi propio grupo decidió reunirse en otra casa y yo le pedí a un aprendiz que liderara el grupo. Tenía miedo de ir aquella noche. Mi mente estaba en tantos sitios a la vez, y desde luego no necesitaba otra reunión más. Pero el Espíritu Santo apareció. Jesús estaba allí durante la alabanza. Todos podían notar su presencia. Varias personas comentaron las impresiones que tenían respecto al grupo a través del don de profecía. La alabanza y el agradecimiento fluían hacia el trono de Dios al reconocer la gente que el Espíritu Santo se estaba manifestando a través de los dones del Espíritu. El impulsor aplicó la Palabra de Dios, permitiendo que nosotros respondiéramos libremente a las preguntas de respuesta abierta. El líder se apartaba lo suficiente para permitir que la conversación fluyera libremente. Uno de los miembros reveló durante la aplicación de la Palabra de Dios que él y su familia estaban atravesando una crisis y que probablemente se trasladaran a Tennese. El líder sintió que el Espíritu decía que debíamos poner las manos sobre esta pareja, y Dios nos ministró a ellos y a nosotros. Tras un paseo del grupo por la vecindad haciendo evangelismo de oración, tomamos algo todos juntos. Mientras tomaba una deliciosa galleta de chocolate y estaba en comunión con los demás, pensé para mí: *¡Me alegro de haber venido esta noche!* Cuando el Espíritu Santo está presente, siempre hace que el ministerio de grupos celulares sea excitante.

Cuando esperamos en Dios y Él nos llena y nos da fuerzas, se produce una renovación en nuestros corazones. El Espíritu hace nacer en nosotros un liderazgo claro y podemos oír su voz con claridad. El Espíritu de Dios muestra el camino, y luego nos enseña la manera de avanzar.

La información conduce a la transformación. La unción del Espíritu hace que un impulsor débil se convierta en un recipiente ungido. Dios da al líder el poder de hacer que eso suceda y todo el mundo reconoce la presencia de Cristo.

IMPRESIONES TIERNAS Y PACÍFICAS

El Espíritu Santo nos habla de forma pacífica. Pablo declaró en Colosenses 3:15: "Y la paz de Dios gobierne en vuestros corazones, a la que asimismo fuisteis llamados en un solo cuerpo. Y sed agradecidos". La frase *gobierne en vuestros corazones* significa hacer las llamadas, parecido a un árbitro que convoca a un partido. La paz de

Dios nos ayudará a conocer sus decisiones para nuestras vidas, al igual que un árbitro pita las faltas o los penaltis. Dios habla en paz. Nunca hay agitación. Su voz siempre está rodeada de dulzura y vida.

Cuando aprendamos a escuchar la voz del Espíritu Santo dentro y fuera del contexto de un grupo celular, se aplica la misma regla. El Espíritu Santo habla más a menudo a través de impresiones tiernas que van acompañadas de paz.

Él imprime su voz tierna y pacífica y sus pensamientos mediante pequeños empujones. Por supuesto, nunca podremos estar seguros al cien por cien de que sea Dios el que esté hablando; sólo podemos estar seguros al cien por cien de que la Palabra escrita de Dios originalmente carece de error. Pero *podemos* llegar al lugar donde se escucha con más claridad la voz amorosa de Dios.

Aprender a escuchar su voz es un proceso que lleva toda una vida. Aunque Jesús dijo que sus ovejas escucharían la voz de Dios (ver Juan 10:3-4), debemos darnos cuenta también de que las ovejas tienen que *aprender* a reconocer la llamada del pastor. Es un proceso. Requiere práctica. Y puede que Dios nunca te hable exactamente igual que habló a Samuel y Elías.

No obstante, podemos tener la confianza de que iremos aprendiendo a escuchar la voz de Dios a medida que vayamos caminando con el Espíritu y pasando tiempo en Su presencia. Nuestra capacidad de escuchar mejorará a medida que pasemos más tiempo con Dios en secreto. Pasando tiempo con el Hacedor, Él nos hablará más a menudo y con más claridad, y recibiremos la guía divina que transformará no sólo nuestras vidas, también las vidas de los que nos rodean.

Cuando Dios habla a mi corazón, es difícil describir cómo sé exactamente que es Él el que está hablando. Simplemente lo sé porque su impresión es clara, tierna y cierta. Mi reacción interior es: *Sí, eso es*. Estas impresiones me muestran a quién tengo que llamar, dónde tengo que ir y qué tengo que hacer.

Incluso cuando Dios nos habla sobre el pecado, se dirige a nosotros de forma directa pero tierna. En contraste, Satanás interrumpe, perturba y confunde. Es un ladrón, un asesino, un mentiroso que sorprende, causa dolor y al que le encanta dejar a la gente indefensa y confusa.

Voz de Dios	Voz de Satanás
> Acompañada de paz > Tierna sabiduría > Libertad > Poder para cumplir la tarea	> Acompañada de temor > Confusión > Presión > Culpa por la dificultad de la tarea

Cuando estés en medio de una reunión de un grupo celular y sientas confusión, repulsa y temor, recházalo, porque ese no es Dios. Cuando los dones de Dios fluyen libremente a través de los miembros, la confusión cesa. En su presencia, hay descanso, sensación de plenitud y confort. No estoy diciendo que no haya nunca conflicto. Pero el objetivo es moverse cautelosamente por el conflicto hasta que la paz de Cristo reine de nuevo.

La Biblia nos dice que "el reino de Dios es... justicia, paz y gozo en el Espíritu Santo" (Romanos 14:17). La voz de Dios carece de temor y duda. Es una voz tierna, amorosa, amable y considerada. Siempre es buena, nunca trae confusión y siempre conduce por el buen camino. Siempre tiene en mente lo mejor para nosotros, incluso a través de las padecimientos que sufrimos. Dios no quiere que sus hijos sufran daño alguno.

Mientras estudiaba en Canadá, se me acercó un estudiante con problemas y asustado que dijo: "Me desperté en medio de la noche y sentí que Dios me decía: *Prepárate a morir*. Me asusté tanto. ¿Crees que Dios me ha hablado?

"De ninguna manera", le dije. "Dios no provocaría temor en ti. Rechaza al demonio".

Sé por experiencia que Dios no nos asusta con su deseo. Estoy de acuerdo con Everett Lewis Cattrell:

> Oí otra cosa útil de un predicador. Dijo que… cada vez que nos sentíamos impulsados repentinamente a hacer algo raro y a hacerlo rápido, podíamos estar prácticamente seguros de que el impulso procedía del demonio… Así ha resultado ser en mis últimas experiencias. Dios es amor; no nos ofrece guía como una forma de castigo sino como una expresión amorosa de Su interés por los asuntos de nuestras vidas. [2]

Escuchar su voz siempre nos proporcionará una sensación buena y hermosa. Las Escrituras nos dicen que todo don bueno y perfecto procede de arriba. Sólo los perfectos vienen del cielo. Santiago 1:16-18 dice muy claramente:

> Amados hermanos míos, no erréis. Toda buena dádiva y todo don perfecto desciende de lo alto, del Padre de las luces, en el cual no hay mudanza ni sombra de variación. Él, de su voluntad, nos hizo

nacer por la palabra de verdad, para que seamos primicias de sus criaturas.

Necesitamos buscar la paz de Dios cuando escuchamos su voz y actuar según los dones del Espíritu. La vida cristiana está llena de pruebas y dificultades, y la ausencia de padecimientos no es necesariamente un signo de que Dios esté presente. Pero estoy hablando de algo más profundo – esa paz que sobrepasa el entendimiento y las dificultades externas. En Juan 16:33, Jesús dijo: "Estas cosas os he hablado para que en mí tengáis paz. En el mundo tendréis aflicción, pero confiad, yo he vencido al mundo."

LA BENDICIÓN DEL ESPÍRITU PARA CADA MIEMBRO

Al Espíritu Santo le encanta obrar en las vidas de cada uno de los miembros del grupo celular. La voluntad de Dios para la vida de cada miembro del grupo es tan importante como la perfecta voluntad de Dios para tu propia vida. Recomiendo no sólo que ores por cada uno de los miembros del grupo, sino también que sueñes – pienses, reflexiones – con la voluntad de Dios para ellos. Pablo dijo en Filipenses 4:8:

> Por lo demás, hermanos, todo lo que es verdadero, todo lo honesto, todo lo justo, todo lo puro, todo lo amable, todo lo que es de buen nombre; si hay virtud alguna, si algo digno de alabanza, en esto pensad.

A menudo aplicamos personalmente este versículo, pero también funciona para aplicarlo a los miembros del grupo celular.

Empieza soñando que el Espíritu Santo libremente derrama su gracia, fruto y dones sobre cada uno de los miembros. Después piensa cómo tú, como líder, puedes servir de canal para que el Espíritu Santo lleve a cabo el plan maravilloso de Dios en sus vidas. Piensa en las grandes obras que Dios quiere hacer. Cuando empieces a visionar el plan y el propósito de Dios para cada miembro del grupo, podrás ver más allá del miembro charlatán y del conflictivo para Su plan de transformación para ellos. Podrás ver una vez más cómo Dios quiere usarte como Su canal para renovar sus vidas.

La naturaleza humana es egoísta. Tendemos a pensar en nosotros antes que en los demás. Cuando pensamos en la voluntad de Dios, nuestra tendencia humana nos lleva a meditar en la voluntad de Dios para nuestras vidas. Sin embargo, Dios tiene un plan perfecto y un deseo para cada creyente que hay en a faz de la tierra, incluidos aquellos que asisten a tu grupo celular.

Quizá Michel está estudiando medicina. Sara se siente llamada a cuidar a sus hijos como ama de casa a tiempo completo. Judy trabaja fuera de casa y después se va corriendo a casa por las tardes para cuidar a sus hijos. Tony acaba de recibir a Cristo y todavía está luchando con sus problemas de alcoholismo. Estas son solo algunas de las actividades de los miembros del grupo, pero ¿qué es lo que *Dios* quiere llevar a cabo en las vidas de cada uno de ellos? ¿Cuál es su plan perfecto para ellos? Esta es una pregunta importantísima, la más importante. Y es una pregunta que tú, como líder del grupo celular, estás llamado a responder.

Pídele al Espíritu Santo que te revele su plan para la vida de los miembros del grupo. Piensa en esos planes cuando el Espíritu Santo te los haga saber. El Espíritu Santo quiere utilizarte de alguna manera para ayudar a que cada persona cumpla la voluntad de Dios. Tienes que llegar a conocerlos personalmente antes de que esos sueños y planes tengan sentido. Pero es importante empezar.

ORACIÓN DIRIGIDA POR EL ESPÍRITU SANTO

La oración es el idioma del Espíritu Santo. Es la manera en la que nos comunicamos con Dios, y la manera en la que Él se comunica con nosotros. En Efesios 6:18, Pablo escribió: "Orad en todo tiempo con toda oración y súplica en el Espíritu, y velad en ello con toda perseverancia y súplica por todos los santos". La oración es el ministerio más importante que el líder de un grupo celular puede utilizar para trabajar en armonía con el Espíritu Santo por el bien de los grupos.

Cuando el impulsor empieza a orar por un miembro del grupo, Dios empieza a obrar en la vida de esa persona de manera poderosa. La oración transforma la relación del líder con ese miembro. A través de la oración, el bálsamo curativo del Espíritu Santo rompe las fortificaciones de amargura e impiedad. Se desarrolla una unión a través de la comunión que crea la oración. Pablo escribe: "porque aunque estoy ausente en cuerpo, no obstante, en espíritu estoy con vosotros, gozándome y mirando vuestro buen orden y la firmeza de vuestra fe en Cristo" (Colosenses 2:5). Es posible e importante estar "en espíritu" con alguien a través de la oración. [3]

Mi investigación a los setecientos líderes de grupos celulares de ocho países reveló que la oración del líder por los miembros del grupo era la manera más importante de unificar y fortalecer al grupo para prepararle para la multiplicación. Los líderes de grupos celulares que oraban diariamente por los miembros del grupo tenían dos veces más posibilidades de multiplicar sus grupos celulares que los que solo oraban por ellos ocasionalmente. [4]

John, un líder de un grupo celular en Melbourne, Australia, se dio cuenta de que uno de los miembros de su grupo llamado Mark había adquirido una actitud ofensiva que incluso expresaba en voz alta. John se dedicó a orar diariamente por Mark, incluso mandando postales de agradecimiento a él y a su familia.

Semana tras semana, los muros se fueron desmoronando lentamente. Un día, John llamó a la oficina de Mark y le dijeron que estaba en casa enfermo. Durante su tiempo de descanso para la comida, John visitó a Mark, orando por él y dándole un fuerte abrazo antes de irse. Mark se vino abajo y confesó su mezquindad y egoísmo. Le dio a John permiso total para meterse en su vida. Hoy en día son amigos íntimos; Mark incluso es un líder celular ahora, bajo la supervisión de John lo está haciendo muy bien.

A través de la oración, las barreras caen y las relaciones se curan. Se establece una unión que crea intimidad y comunión. La oración ofrece a Dios la oportunidad de obrar de una forma nueva.

Animo a los líderes de los grupos celulares a que les digan a los miembros de su grupo: "Oro por ti todos los días". Esta declaración establece una relación espiritual entre el líder y los miembros. El regalo más importante que le puedes hacer a alguien es el de la oración. Es un regalo que dura y sigue dando fruto toda la eternidad.

Además de orar por los miembros del grupo en privado, animo a los líderes de los grupos celulares a que oren en voz alta durante las reuniones. Por ejemplo, cuando Marjorie ora por los miembros del grupo durante la reunión, su corazón de pastor se hace evidente. Sus oraciones son personales, sin embargo, no revela temas confidenciales. Cálidamente alza a cada una de las personas de la reunión ante el trono de Dios. Ella conoce a su rebaño, y ellos están deseosos de seguirla. Este tipo de oración les dice a los miembros que su líder se preocupa por ellos y desea ministrar de acuerdo con sus necesidades. También es una manera excelente de realizar la oración intercesora.

El ejemplo de Marjorie anima a todos a seguir adelante en el Señor orando. Como ella pagó el precio de la oración intercesora, fue capaz de satisfacer las necesidades de los que estaban a su alrededor. Conectó con el grupo inmediatamente y satisfizo las necesidades de cada uno de sus miembros.

Una vez que hayas orado por alguien durante la semana tranquilamente en la intimidad, te será más fácil orar por esa persona en público. La gente notará la unión que has establecido con esa persona, y Dios cumplirá y satisfará todas las necesidades.

Parte 2

GRUPOS LLENOS DEL
Espíritu

3

LA ALABANZA Y LA PALABRA EN LOS GRUPOS LLENOS DEL ESPÍRITU

"No enseñes la alabanza como parte del procedimiento de un grupo celular cuando estés hablando a nuestros líderes" me dijo el pastor justo antes de que empezara el seminario. "No practicamos la alabanza en nuestros grupos celulares. Es un lío entrenar a los líderes para que dirijan la alabanza, y después de todo, nuestros grupos van dirigidos principalmente a no cristianos"

"Muy bien," dije moviendo la cabeza afirmativamente por fuera mientras por dentro luchaba contra esta revelación. Me sorprendió saber que el grupo celular típico de la iglesia excluía la alabanza, en particular por respeto a los no creyentes. Estaban perdiéndose una parte fundamental de la evangelización, además de otras obras del Espíritu.

Aunque creo con todas mis fuerzas que el ministerio de grupos celulares es una herramienta poderosa para alcanzar a los perdidos, primero debemos prestar atención al Todopoderoso. Aunque las técnicas para captar a los no cristianos son estupendas, no son lo principal en el ministerio de grupos celulares. Dios debe ser lo principal. La alabanza es el ambiente en el que Dios vive, y su palabra expresa lo que Él es. Cuando un grupo es sensible a Dios, destaca la alabanza y la Palabra. En este ambiente, los dones fluyen y los no creyentes se sienten atraídos de forma natural hacia Jesús.

Jesús dijo: "Al Señor tu Dios adorarás y solo a él servirás" (Mateo 4:10). Primero la alabanza, después el servicio. Esta orden se repite posteriormente en Mateo cuando Jesús dice: "'Amarás al Señor tu Dios con todo tu corazón, con toda tu alma y con toda tu mente'. Este es el primero y grande mandamiento. Y el segundo es semejante: 'Amarás a tu prójimo como a ti mismo'" (22:37-39). Los dones del Espíritu fluyen cuando Dios es exaltado y se le da el lugar que merece. En este ambiente centrado en Dios, los no creyentes se convierten.

EL ENFOQUE NORMAL DE UN GRUPO CELULAR

El grupo celular normal, como una buena dieta, incluye ciertos ingredientes básicos. Recomiendo los siguientes ingredientes en los grupos celulares:

- *El enfoque hacia arriba:* conocer a Dios mediante la alabanza y la oración.
- *El enfoque hacia dentro:* conocerse unos a otros mediante la comunión.
- *El enfoque hacia fuera:* alcanzar a los que no conocen a Jesús mediante la evangelización a través de los grupos celulares.
- *El enfoque hacia adelante:* formar nuevos líderes mediante el entrenamiento y la disciplina.

Dos grupos celulares no deberían ser exactamente iguales, pero ambos deberían incluir estos cuatro ingredientes. ADFA (Arriba, Dentro, Fuera, Adelante) es una manera estupenda de ver los progresos de un grupo celular. El enfoque ADFA proporciona una buena dirección general, que se puede llevar a cabo específicamente. Por ejemplo, mi propio grupo celular utiliza las siguientes directrices: bienvenida, alabanza, Palabra y testimonio (u obras).

La introducción (*bienvenida*) aborda cierta área del pasado y aunque a menudo es graciosa, revela mucho sobre la persona. La *alabanza* conduce a los miembros a la presencia del Dios vivo. Las lecciones del grupo celular *(Palabra)* evitan el monologo, la idea de que sólo debe hablar una persona y piden la contribución de todo el grupo. Finalmente el momento de compartir con los demás la visión *(testimonio)* requiere que todo el grupo se implique, que trabajen juntos para ganar para Cristo un mundo perdido.

La alabanza y la Palabra son elementos centrales en un grupo celular. Los dones del Espíritu fluyen dentro, alrededor y a través de esos momentos. Echemos un vistazo de forma más detallada.

ALABANZA DESDE EL CORAZÓN

La alabanza es una experiencia íntima que incrementa su potencia con la fuerza del grupo. Cuando otros creyentes alzan sus voces hacia la habitación del trono, Dios es glorificado y Su cuerpo se recarga de energía. En tal ambiente, se produce la transformación.

La alabanza puede marcar la diferencia entre una célula dinámica y otra que se tambalea sin la fuerza necesaria para mantenerse firme. Necesitamos ver a Jesús de una forma nueva, y esto sucederá cuando la gente de Dios alabe unida. La alabanza abre el camino para que todo lo demás suceda. La alabanza aclara el aire, le quita la victoria al demonio. Nunca deberíamos escondernos de la alabanza; es absolutamente esencial en el ministerio de grupos celulares. La alabanza es la fuerza que nos mantiene erguidos y hace que sigamos creciendo en Él.

LA ALABANZA DIRIGE EL CAMINO

Josafat tenía un problema. Como rey de Israel tenía la misión de proteger a su nación. Sin embargo, el enorme ejército de Edom estaba acampado a las puertas de su pueblo, listo para destruir la nación de Israel. La respuesta inmediata de Josafat, como es natural, fue la alarma y el temor. No obstante también dio el siguiente paso correcto: buscó a Dios y declaró el ayuno en todo Israel. Mientras toda la nación esperaba ante Dios, el Espíritu de Dios vino a Jahaziel, hijo de Zacarías, y éste profetizó a los presentes: "No temáis ni os amedrentéis delante de esta multitud tan grande, porque no es vuestra la guerra, sino de Dios" (2 Crónicas 20:15).

¿Qué plan de batalla dio Dios a la nación de Israel? ¡Un plan de alabanza! La historia continúa:

> Después de consultar con el pueblo, puso a algunos que, vestidos de ornamentos sagrados, cantaran y alabaran a Jehová mientras salía la gente armada, y que dijeran: «Glorificad a Jehová, porque su misericordia es para siempre». Cuando comenzaron a entonar cantos de alabanza, Jehová puso emboscadas contra los hijos de Amón, de Moab y de los montes de Seir que venían contra Judá, y se mataron los unos a los otros.
> 2 Crónicas 20:21-22

Dios todavía obra poderosamente a través de la alabanza hoy en día. La alabanza crea una atmósfera en la que los dones del Espíritu pueden funcionar. Cuando el pueblo de Dios adora y alaba a Dios, Él se muestra y comienza a hablar a través de los dones de Su cuerpo.

En medio de la alabanza, la profecía y la adoración, el Espíritu viene a traer vida, poder y paz. El Espíritu puede darnos la fortaleza que necesitamos para hacer frente a las grandes y graves necesidades que hay a nuestro alrededor.

Cuando alabamos en nuestros grupos celulares, Dios aparece. Bendice. Nos da la vida. Hace grandes cosas. A veces, me siento tan débil cuando lidero un grupo celular. No obstante, cuando alabamos, Dios siempre aparece. Viene al grupo. Su vida se manifiesta entre nosotros. Dios se mueve de forma especial y da una paz especial.

Sin la presencia de Cristo, el grupo celular no es diferente a una reunión de trabajo, una reunión familiar o una reunión de amigos para ver un partido de fútbol. Incluso aunque asistan no cristianos, la presencia de Cristo es lo que realmente desean los no cristianos. Los no creyentes que asisten a un grupo celular con frecuencia quieren conocer y experimentar la realidad de Dios. Algunos han denominado a esto evangelismo; es la idea de que cuando colocamos en Jesús en lo alto, Él atrae a todos hacia Él. Refiriéndose a su muerte, Jesús dijo: "Y yo, cuando sea levantado de la tierra, a todos atraeré a mí mismo" (Juan 12:32). Necesitamos enfrentarnos al hecho de que solo Dios puede atraer a alguien a su presencia.

LOS NIÑOS PARTICIPAN

Muchos grupos celulares intergeneracionales o familiares permiten que los niños se queden en el grupo durante la alabanza, pero después durante el tiempo de la Palabra se van a su propio grupo. Los niños a menudo bendicen al grupo con su simplicidad y claridad y recuerdan a los adultos que la alabanza no es complicada. En mi opinión, los niños recargan la atmósfera del grupo celular durante la alabanza y la alabanza. Algunos creen que los niños son una distracción, pero yo creo que es justo lo contrario. Los niños reflejan la naturaleza de Cristo y a menudo atraen a otros a Su presencia. Y la parte positiva es que los niños crecen viendo a sus padres alabar en un ambiente reducido y lleno del Espíritu.

Intento animar a los niños a entender que Dios les ama y quiere escuchar sus alabanzas. A veces, durante las partes musicales, me gusta parar y recordarles las palabras de una canción o incluso pedirles que oren.

EL MINISTERIO DE LA MÚSICA

Muchos líderes se sienten inadecuados para dirigir la alabanza porque piensan que tienen que tocar la guitarra o alabar como Matt Redman para dirigir una alabanza que honre a Dios. He experimentado tiempos de alabanza en los que los miembros emiten ruidos alegres (y realmente quiero decir *ruidos*). Debido a la falta de talento para tocar la guitarra, algunos grupos ponen una cinta o un CD y los miembros cantan al compás de la música. Creo que es una gran idea, nosotros lo hemos hecho algunas veces en nuestro grupo. Dios no exige un coro. Observa la motivación que hay en nuestros corazones cuando le cantamos.

Normalmente el líder de alabanza debería escoger cinco o seis canciones antes de que se reúna el grupo. Animo al líder a que escriba las letras de estas cinco o seis canciones en un papel y que después lo distribuya entre el grupo. Los que conozcan las canciones no necesitarán el papel, pero habrá muchos que sí. O el líder de alabanza puede invitar a los demás miembros a escoger las canciones antes del tiempo de alabanza y después cantarlas por orden.

Para el líder del grupo celular es una buena idea hacer una exhortación antes de empezar el tiempo de alabanza. Un líder solía decir: "Recuerda que Dios está mirando dentro de tu corazón. Reflexiona sobre las palabras de las canciones mientras cantas y comprende que por encima de todo estás complaciendo a Dios". He descubierto que una simple exhortación como esta supone una gran diferencia en el ambiente que se crea.

Es una buena idea entremezclar tiempos de silencio durante y después de las canciones de alabanza. Hacerlo tanto durante como después de la alabanza permite que la gente ore en voz alta. Permite que Dios hable de manera profética al grupo. A menudo en las Escrituras Dios manifestó su presencia a través de la alabanza, y es de vital importancia escucharle durante este tiempo.

En una reunión, el líder concluyó la lección poniendo un CD de canciones de alabanza y pidió a los miembros que permanecieran en silencio mientras el Espíritu Santo les ministraba. El Espíritu ministró a nuestras almas mientras estábamos sentados ante el Señor durante diez o quince minutos, y nosotros dejamos que ese momento se sobrecargara de gozo. Varios padres que se sentían estresados debido a las exigencias de sus hijos y de sus horarios se sintieron especialmente conmovidos. El tiempo de alabanza nos cargó de energía para servirnos unos a otros. La charla dinámica y la comunión caracterizaron los restantes momentos de aquella reunión.

Recuerda, cantar es una parte importante de la alabanza, pero no es nuestra única actividad. En un grupo celular en el seminario, un participante comentó lo siguiente: "Es importante ir más allá de cantar canciones. Nuestro grupo ha experimentado la presencia de Dios leyendo juntos los salmos, diciendo frases en oración o incluso esperando en silencio".

Más allá de las canciones mismas, la alabanza es una experiencia de acercarse a Dios y permitir que Él se acerque a nosotros. Es más que música; es llegar ante el Dios vivo de todo corazón y buscar su rostro. Es amarlo de todo corazón y desearlo por encima de todo. Nuestra motivación interior es importantísima para la alabanza. Sólo Dios puede derribar el orgullo y la carnalidad de un corazón endurecido. La experiencia de alabar suaviza los corazones de los que están a punto de escuchar Su Palabra, y Él empieza a obrar poderosamente en las vidas de los que le escuchan. Es la Palabra de Dios la que hace que esto sea posible.

LA PALABRA INERRANTE DE DIOS

Mientras compartimos la Palabra en los grupos celulares (normalmente tras un tiempo de alabanza), Dios habla a nuestros corazones a través de la Biblia. Muchos grupos celulares utilizan el mismo tema y los pasajes de las Escrituras que se utilizaron en el mensaje del domingo por la mañana. Incluso si esto es así, es mejor no discutir lo que dijo el pastor el domingo. La gente debería relacionarse con la Palabra de Dios, no con el sermón, que simplemente es la palabra de un ser humano. La razón es sencilla: si el sermón mismo es el punto de referencia, los visitantes y los que se perdieron el culto se sentirán aislados. Se sentirán inhibidos para participar libremente en el grupo.

LA PALABRA Y EL ESPÍRITU

Recuerda que la Palabra y el Espíritu van de la mano. Hay mucha verdad en esa frase que se repite hasta la saciedad: "Sin el Espíritu de Dios, los cristianos se secarían, pero sin la Palabra de Dios, los creyentes explotarían". Tanto el Espíritu como la Palabra son esenciales. Dios quiere utilizar ambas para transformar su Iglesia mediante los grupos celulares. Utiliza la Palabra para mantenernos en el buen camino, pero la única manera en la que podemos aplicar la Palabra de Dios es a través del Espíritu de Dios.

Durante algunos años, uno de los miembros de mi grupo asistió a una iglesia que creía que todos los dones sobrenaturales habían cesado al finalizar el Nuevo Testamento. A medida que iba conociéndolo, descubrí que le habían enseñado (y él lo creía) que el Espíritu era igual que la Biblia. Sutilmente, quería convertir el grupo celular en un estudio bíblico, porque para él, la Biblia y el Espíritu eran lo mismo. Tenía poco conocimiento experimental sobre el Espíritu Santo como Persona, obrando en y a través del creyente. Cuando nuestro grupo comenzaba un tiempo de alabanza, yo me daba cuenta de que él intentaba buscar a Dios y entrar totalmente en su presencia. Tuvimos que trabajar mucho con él durante largo tiempo, y de hecho, nunca creí que se quedaría. Me equivoqué. Al final este joven fue tocado por el fuego del Espíritu y el maravilloso sentido de la comunidad. Descubrió una relación con el Espíritu, la Palabra y el pueblo de Dios que transformó su vida.

El Espíritu está muy vivo, y quiere aplicar la Palabra de Dios profundamente en los huecos de nuestras vidas. Dos palabras griegas son útiles para describir cómo hace esto el Espíritu. Una de estas palabras es *rhema*, y la otra es *logos*. La palabra *rhema* es la Palabra viva de Dios habitando en nosotros, mientras que el *logos* es la Palabra objetiva escrita. Dios nunca contradice su *logos* (Palabra escrita), pero cuando los grupos celulares se reúnen y el Espíritu Santo se mueve, la palabra *rhema* fluye libremente, trayendo la transformación.

Pablo utilizó la palabra *rhema* cuando les dijo a los cristianos de Éfeso que tomaran "la espada del Espíritu" (Efesios 6:17). Se estaba refiriendo a las palabras que residen en nosotros (dentro de nosotros mediante la meditación y la memorización) que los creyentes siempre llevan consigo y están listos para utilizarlas en cualquier momento. El ambiente de un grupo celular es la ocasión perfecta para permitir que el Espíritu Santo ministre a través de las palabras rhema que se almacenan en las mentes y los corazones de los creyentes. Es maravilloso cuando Dios da a su pueblo palabras de ánimo y bendición para que se edifiquen en un grupo celular.

Dios quiere que estudiemos y vivamos según su Palabra escrita. Pero a medida que meditamos y memorizamos su Palabra escrita, su palabra rhema empieza a habitar enriquecedoramente en nuestro interior. Animo a los líderes de los grupos celulares a que mediten sobre la Palabra de Dios y la memoricen y que después permitan que el Espíritu Santo fluya a través de ellos libremente mientras ellos impulsan el grupo celular. Una cita de las Escrituras debería venirte a la mente mientras impulsas la discusión. Aplícala valientemente en el grupo. Solo la Palabra de Dios es capaz de transformar la vida de los miembros del grupo. El Espíritu toma la Palabra de Dios y nos libera. Jeremías dijo: "Fueron halladas tus palabras, y yo las comí. Tu palabra me fue por gozo y por alegría de mi corazón" (Jeremías 15:16). Cuando el líder medita en la Palabra de Dios, el Espíritu de Dios la hará más viva, eficaz y cortante que una espada de doble filo (ver Hebreos 4:12).

LAS VERDADES DE DIOS PARA CADA MIEMBRO

Es esencial que los líderes de los grupos celulares examinen los materiales para las reuniones – incluso aquellos que proporciona la iglesia – y los apliquen según las necesidades del grupo. Cualquiera que sea el tipo de material que utilice el impulsor del grupo, debe estar basado en la inerrante Palabra de Dios. Como todo lo que somos y hacemos en la vida cristiana debe estar guiado y gobernado por la Palabra de Dios, todas las experiencias, discusiones y demostraciones de los dones del Espíritu deben estar basadas en la Palabra de Dios. Los dones como profecía, conocimiento y sabiduría, discernimiento de espíritus, lenguas e interpretación de lenguas deben ser juzgados y revisados por la Palabra de Dios. El Espíritu Santo nunca contradecirá lo que ya está escrito. Él inspiró la Biblia una vez y para siempre. La Palabra debe servir de medida para todo lo que se dice o hace.

La esencia del grupo celular es aplicar la Palabra de Dios en la vida diaria, no dar información sobre la Biblia o sobre teología en general. La gente está inundada de información; lo que necesita es transformación. El grupo celular es el mejor lugar para, por ejemplo, intentar aplicar las verdades escuchadas en el sermón del domingo. Se pueden hacer preguntas como: "¿Cómo me estoy midiendo? ¿Qué necesito cambiar en mi vida? ¿Cómo puedo complacer más a Dios?

Esto ayuda a los miembros a aprender a aplicar las enseñanzas de las Escrituras, en particular cuando los grupos celulares realizan un seguimiento de sus miembros. Karen, un miembro de un grupo celular que yo lideraba, oyó hablar de la necesidad de tener diariamente un tiempo de recogimiento: "¿Podrían controlarme para que yo realmente tenga un tiempo así?" le pidió al grupo. Karen pudo hacer esta pregunta con confianza porque sabía que la amábamos. Como grupo habíamos confirmado repetidamente su deseo de seguir a Jesús, incluso cuando ella se tambaleaba en su vida cristiana. Y nosotros, reunión tras reunión, realmente le preguntábamos si había tenido su tiempo de recogimiento. Más tarde, Karen pidió al grupo que la controlara para dejar de fumar.

Creo firmemente que los grupos celulares son absolutamente la mejor manera de hacer discípulos, ver el cambio real que se produce en la vida de la gente. En una reunión grande un domingo por la mañana, esto queda oculto con más facilidad.

Cuando me senté al lado de Nancy en un avión, ella compartió su testimonio conmigo. Había recibido a Jesús y empezado a asistir a una iglesia evangélica grande que enseñaba fielmente la Palabra de Dios cada domingo. "Con el tiempo", me dijo, "resultaba difícil sonreír, entrar por las puertas de la iglesia, escuchar el mensaje y salir una hora después para volver a nuestra crisis familiar dentro del coche, en el aparcamiento". Al final, dejó de asistir a la iglesia porque se sentía como una hipócrita. Para Nancy, ir a la iglesia era lo mismo que escuchar la predicación del domingo.

Aplicar la Palabra de Dios en la atmósfera de un grupo celular le ayuda a Nancy – o las familias como la de Nancy – a obedecer la Palabra. La palabra hebrea para *obedecer* significa "escuchar". Escuchar realmente la Palabra de Dios implica obediencia, y no simplemente recibir información. Santiago escribió: "Sed hacedores de la palabra y no tan solamente oidores, engañándoos a vosotros mismos" (Santiago 1:22). La palabra griega para *obedecer* literalmente significa "oír bajo". La idea de la obediencia en el Nuevo Testamento es una forma de escuchar que se produce bajo la autoridad o la influencia del hablante, lo cual conduce a adaptarse a las enseñanzas.

Jesús pidió a sus discípulos que "le escucharan" hasta el punto de estar de acuerdo con Sus peticiones. A menudo los discípulos no entendían las palabras o las enseñanzas de Cristo. No fueron capaces de captar el significado de la muerte de Cristo en la cruz (ver Mateo 16:22), su propio lugar en el Reino (ver Marcos 9:33-37) y el servicio humilde a los demás (ver Mateo 20:24). Les faltaba la cultura y la educación que caracterizaba a la élite en aquel tiempo. No obstante Jesús debe haberse dado cuenta de su compromiso humilde para confiar y obedecer Sus enseñanzas.

El conocimiento sin obediencia no lleva al Reino. Cuando Pablo y Bernabé esperaban al Espíritu Santo en Hechos 13:2-3, el Espíritu Santo habló claramente a través de la palabra profética: "Apartadme a Bernabé y a Saulo para la obra a que los he llamado". Dios los apartó para el ministerio y realizó grandes obras a través de ellos. Pablo y Bernabé obedecieron y fueron. No sabían lo que les depararía el futuro, pero obedecieron y se fueron. El Espíritu está buscando gente que le obedezca, un ministerio de grupo celular resalta la aplicación de la Palabra hasta la obediencia.

TRANSPARENCIA

Los impulsores eficaces animan a los demás a hablar. Les digo a los líderes de grupos celulares que sigan la regla del 70/30 que significa permitir que los demás hablen el 70 por ciento del tiempo mientras que el impulsor sólo hable durante el 30 por ciento.

El impulsor normalmente prepara (o le dan) entre tres y cinco preguntas basadas en la Palabra de Dios. Estas preguntas deberían impulsar la discusión entre los miembros. Un buen método para preparar estas preguntas es plantearse de antemano uno mismo cada cuestión y ver si se es capaz de hablar abiertamente de ella, o si se puede contestar con un simple sí o no.

Para que la gente hable con transparencia sobre sus propias vidas, el líder debe empezar con este tipo de transparencia. Los miembros del grupo suelen ser tan transparentes y abiertos como el líder esté dispuesto a ser. Si el líder no está dispuesto a arriesgarse en lo que se refiere a la transparencia y apertura, los miembros desde luego tampoco lo harán.

Cuando los líderes hablan directamente de cómo la Palabra de Dios ha influido en sus vidas, muchos otros se sienten animados a hablar. La realidad visceral que los grandes líderes aportan al grupo es *esencial* para que el grupo funcione; la gente después se siente animada a explicar cómo aplican la Palabra de Dios a su vida diaria. Un ambiente de transparencia permite que esto suceda. David Hocking escribe:

> Aprende a admitir tus errores en presencia del grupo y a pedir perdón sinceramente cuando las cosas vayan mal o no salgan de la manera que esperabas...admitir el fracaso en medio del éxito es la clave para un buen liderazgo. Aprende a ser abierto y honesto ante los demás. Te amarán por ello (¡o al menos se caerán de espaldas asombrados!). [1]

Si el líder siempre quiere ofrecer la mejor impresión, los demás miembros de la célula harán lo mismo. Algunos líderes imaginan que están fomentando la transparencia, pero sus testimonios no resuenan en los miembros. "Oren por mí", podrían decir. "Me impacienté un poco con un compañero de trabajo un día. Es la primera vez que tengo un problema en el trabajo. Por favor oren." Testimonios como estos hacen que la gente se cierre, porque les hace pensar que su líder es todo un santo, cuando en realidad no es ese el caso.

La transparencia es también la mejor herramienta evangélica para alcanzar a los no cristianos. La gente sin Cristo aprecia la autenticidad. Agradecen cuando los cristianos comparten sus luchas, porque a menudo los no cristianos están atravesando por situaciones mucho peores, pero sin Jesús para ayudarles. El evangelismo celular es una actividad natural y penetra en las defensas de los que nunca entrarían en una iglesia, pero que necesitan amor y sentir que pertenecen a algún sitio.

Incluso si no tienes un gran problema del que hablar, podrías comentar las pequeñas dificultades a las que te enfrentas en la vida diaria. Todos tenemos que enfrentarnos a hacer grandes colas, a las llamadas no deseadas, a los fallos de los ordenadores, a los horarios de trabajo opresivos y a otras cosas irritantes de la vida. Sin embargo, hablar con transparencia no implica que solo se pueda hablar de dificultades. ¿Qué hay de tus planes y deseos? Transparencia significa hablar de ti mismo de forma honesta, permitiendo que otros conozcan tus aspiraciones, sueños y esperanzas.

El poder sobrenatural de la Palabra de Dios llega a través de la influencia sobrenatural en nuestras vidas diarias. La Palabra de Dios nos transforma y nos hace más semejantes a Él. La Palabra de Dios nos anima a presionar para hacer que las cosas sucedan. Es sorprendente cómo Dios utiliza a cada miembro de la célula para ministrar a los demás. Dios quiere usar a cada persona cuando él o ella permite que el Espíritu lo mueva.

TRANSFORMACIÓN

Es necesario pasar mucho tiempo con la Palabra para captar los corazones de la gente. Los grandes líderes de grupos celulares siempre buscan maneras de aplicar la

Palabra de Dios a las vidas de los miembros. Algunas personas hablan de sus problemas, pero no tienen ninguna intención de cambiar. En su lugar, esperan que el compartir sus problemas en profundidad les proporcione una cierta experiencia catártica. Aunque esto puede resultar útil, sólo la transformación producirá el efecto deseado. El resto es temporal y podría incluso calificarse de emocional.

Para incrementar la transformación en las vidas de los miembros, algunos líderes de los grupos celulares concluyen el tiempo de la Palabra diciendo: "A la luz de lo que hemos leído y discutido en este pasaje, ¿cómo creen que Dios quiere utilizar esto en sus vidas o en la vida de este grupo?"

Es estupendo cuando el Espíritu de Dios toma la Palabra de Dios y coloca un gancho en la apertura del corazón de un miembro. Siempre es un honor para mí cuando veo a un miembro del grupo durante la semana que sigue aplicando el pasaje bíblico que hemos discutido en el grupo celular. Una semana, por ejemplo, hice que el grupo discutiera sobre 1 Timoteo 4:12, donde Pablo escribió a Timoteo: "Ninguno tenga en poco tu juventud, sino sé ejemplo de los creyentes en palabra, conducta, amor, espíritu, fe y pureza". Durante este grupo celular, el Espíritu Santo aplicó las enseñanzas de Pablo a nuestras propias vidas: nuestras familias, relaciones de trabajo y amigos. Dios nos habló de ejemplificar lo que quisiéramos que los demás hicieran. Cuando hablé con Sunitha, uno de los miembros de nuestro grupo celular, cinco días después, ella dijo, "Dios todavía me está hablando de cómo debo caminar en pureza y ser un ejemplo para los demás profesores en la escuela primaria donde enseño".

Desafortunadamente, muchos impulsores exponen el pasaje sin llegar ni siquiera a tocar el corazón. La gente se va informada, pero no transformada. Aunque la Palabra de Dios es viva, poderosa y más afilada que una espada de doble filo (ver Hebreos 4:12), mantienen la Palabra de Dios a distancia, sin permitir nunca que penetre en profundidad. El Espíritu Santo quiere tomar la Palabra de Dios de nuestras cabezas y corazones.

Animo a los impulsores de los grupos celulares a lanzarse a la yugular: transformar la vida a través de la Palabra de Dios. El demonio no tiene ningún miedo cuando un líder de grupo celular acumula cantidades enormes de información; pero tiembla cuando la Palabra de Dios hace que los miembros rechacen a los ídolos, den la espalda al pecado y cambien su comportamiento. ¡Llega al corazón! Asegúrate de que la gente se siente tocada y transformada. Asegúrate de que la gente ha escuchado la Palabra y la han aplicado.

La presencia del Espíritu en la alabanza y Su ministerio en la Palabra crea un ambiente poderoso en el cual los dones pueden fluir. Todo el concepto del Espíritu dentro de nosotros es poderoso e interesante. Es exactamente lo que necesitamos para ver que suceden grandes cosas entre nosotros. El poder de Dios se *manifestará* entre nosotros, pero necesitamos confiar en Él para que eso suceda.

4

EDIFICACIÓN EN GRUPOS LLENOS DEL ESPÍRITU

John, un pastor de San Diego, California, que llevaba poniendo en práctica el ministerio de grupos celulares varios años, me dijo: "Joel, no sabía que tenía tanta gente disfuncional en mi iglesia hasta que empecé el ministerio con grupos celulares. Es como si hubiera levantado un tronco húmedo en un bosque y hubiera visto bichos salir corriendo de debajo". Esa misma gente necesitada se sentaba en la iglesia del pastor John cada domingo vestidos de traje y corbata, y exteriormente todo parecía adecuado y en orden. Pero en cuanto empezaron a relacionarse entre sí en los grupos celulares sus necesidades, heridas y decepciones salieron a la superficie. La gente no puede ocultarse en un grupo celular. Dios utiliza el ministerio de los grupos celulares para sacar a la superficie los problemas y finalmente traer curación.

EL DESEO DE EDIFICACIÓN DEL ESPÍRITU SANTO

El ministerio del Espíritu Santo es edificar nuestras vidas, no destruirlas. Está vivamente interesado en reconstruir a la gente desde dentro. La palabra *edificación*, de hecho, significa literalmente "construir". Pablo escribió a la iglesia de Corinto:

"Entonces, hermanos, ¿qué podemos decir? Cuando os reunís, cada uno de vosotros tiene salmo, tiene doctrina, tiene lengua, tiene revelación, tiene interpretación. Hágase todo para edificación."
1 Corintios 14:26

Ya practiquemos los dones del Espíritu en un grupo grande o pequeño, el objetivo es siempre el mismo: edificación. Creo que los grupos celulares son el mejor ambiente para que las vidas de la gente se reconstruyan y para que crezcan en el conocimiento y la gracia de Jesucristo.

En los grupos celulares, el Espíritu Santo, el maestro artesano, desafía y cambia la vida de la gente. La atmósfera íntima del grupo celular hace posible que esta edificación se produzca. Los grupos más pequeños permiten que cada persona hable, ministre y sea ministrada por los demás. Las Escrituras sobre amor y cuidado se hacen realidad en este ambiente, y al final proporcionan curación en la vida de la gente.

RECONSTRUYENDO EL MUNDO INTERIOR

No se tarda mucho en apreciar que la gente exteriormente sufre los síntomas de sus heridas internas. Proverbios 15:13 dice: "El corazón alegre embellece el rostro, pero el dolor del corazón abate el espíritu". El espíritu abatido que caracteriza a tantas personas es el resultado de abusos infantiles, padres divorciados, remordimiento, resentimiento, hábitos de padres destructivos, rechazo, depresión, culpa y diversos tipos de miedo. Hay muchas heridas, mucha ansiedad y dificultad enterrada en las vidas de la gente tanto dentro como fuera de la iglesia.

La gente necesita un Salvador que les toque y traiga curación a sus corazones. Sólo Dios puede curar y liberar a la gente, y por eso necesitamos tanto la curación interna. A través de la curación interior, podemos acceder a la gracia que Dios tiene para nosotros. La gente no entiende la herida oculta que les está haciendo sufrir tanto. Pero Dios quiere tocarlos y liberarlos.

Recuerdo una líder de un grupo celular a la que Celyce y yo entrenamos. Procedía de un ambiente de maltrato. Cuando empezamos a entrenarla, vimos cómo se producía la curación de Dios, pero también nos dimos cuenta de que sus problemas iban mucho más allá de lo normal. Necesitaba curación interior para actuar de forma correcta. En este caso, la enviamos a una consejería individual a la vez que realizaba el entrenamiento. Esto fue perfecto para ella, porque fue capaz de crecer en la gracia y el conocimiento de Jesucristo. No había podido actuar según todo lo que Dios tenía previsto para ella debido a todo el bagaje emocional que la había mantenido inmovilizada y no la había permitido continuar en la verdad. Su camino se había paralizado porque estos temas la habían estado acechando.

La situación en nuestro mundo seguramente irá a peor. Se cree que seis de cada diez niños nacidos en los años 1990 vivirán en casas de un único padre cuando tengan dieciocho años.[1] Los sentimientos de rechazo entre los jóvenes americanos ahora son algo normal. A muchos les resulta extremadamente difícil perdonarse a sí mismos por los errores de sus padres o por sus propias decisiones pasadas. Los temas del pasado paralizan sus actividades presentes y frustran su futuro crecimiento. Los resultados pueden ser:

comportamiento compulsivo
autocastigo
duda
sentimiento de ser indigno
negación de lo que Dios quiere ofrecerles

En medio de este declive cultural, Cristo sigue siendo la cabeza de la Iglesia y el Señor de todo (Mateo 28:18-20). Dios tiene un plan amoroso para cada persona, y desea curar a los solitarios, deprimidos y esclavizados. Jesús no sólo quiere perdonar a la gente sus pecados, sino también curarlos de su dolor interior y su enfermedad emocional. Ofrece paz en un mundo lleno de dolor y desesperación. Un líder de grupo celular eficaz aprovecha los momentos difíciles para recordar a los miembros que Dios está muy preocupado por todos los aspectos de sus vidas y que les quiere ofrecer curación interior.

La noche en que Michael vino a mi grupo celular, todo parecía normal. Sin embargo, después de la lección sobre el perdón de 1 Pedro 4:8, su necesidad de curación interior salió a la luz. Comentó el gran resentimiento que sentía hacia un pastor que creía que había violado a su hija. Michael se había estado asiendo a su amargura hacia el pastor, lo cual no le permitía disfrutar y lo esclavizaba. Esa noche la Palabra de Dios llegó muy dentro de su alma, y Michael se dio cuenta de que tenía que liberarse de su amargura, tanto por su propio bien como para agradar a Jesucristo. Durante el tiempo de oración, Michael confesó su amargura, y los miembros del grupo oraron por él para que experimentase su curación interior. Dios liberó a Michael esa noche de su amargura y resentimiento y se fue de la reunión lleno de gozo y paz.

Mucha gente, como Michael, sufre ataques demoníacos en forma de amargura y de otros pecados. Dios quiere hacer grandes cosas, pero debemos permitirle actuar en nuestros grupos celulares para que Él pueda curar interiormente a los miembros del grupo.

El ambiente íntimo y reducido de una casa es ideal para curar heridas causadas por el pecado, el mundo de Satanás. El líder debería recordar a los miembros de la célula versículos como Isaías 63:9: "En toda angustia de ellos él fue angustiado, y el ángel de su faz los salvó; en su amor y en su clemencia los redimió, los trajo y los levantó todos los días de la antigüedad". El recordatorio del rey David sobre el amor de Dios también es bueno para utilizarlo en la curación en un grupo celular:

> "No fue encubierto de ti mi cuerpo, aunque en oculto fui formado y entretejido en lo más profundo de la tierra. Mi embrión vieron tus ojos, y en

tu libro estaban escritas todas aquellas cosas que fueron luego formadas, sin faltar ni una de ellas."

Salmos 139:15-16

El líder del grupo celular puede discernir la necesidad de curación interna comprobando el comportamiento errático de los miembros, como por ejemplo el miedo paralizante o la timidez, la falta de confianza, confusión, depresión o comportamiento compulsivo. En el momento adecuado durante la lección, el líder podría pedir a los miembros que hablasen de algún momento difícil en el que hayan experimentado dolor o rechazo en su vida. El líder debería animar a los miembros del grupo a hablar honestamente y orar para que cada uno de ellos experimentase la recuperación, la curación y el sentido de comunión.

La buena noticia es que Cristo es el sanador. Las Escrituras nos dicen que: "Despreciado y desechado entre los hombres, varón de dolores, experimentado en sufrimiento". Él es el único capaz de entender todas las circunstancias de nuestras vidas. El grupo celular proporciona una excelente oportunidad para que la gente hable de sus momentos de sufrimiento y dolor y después reciba la curación interior necesaria para vivir una vida cristiana victoriosa.

La llamada Iglesia de Cristo debería ser un hospital en este mundo. Mucha gente herida ingresa en este hospital, gente que ha sido vencida por el pecado, Satanás y todas las atrocidades que la vida moderna les lanza. Jesús entiende. El escritor de Hebreos declaró:

"Así que, por cuanto los hijos participaron de carne y sangre, él también participó de lo mismo para destruir por medio de la muerte al que tenía el imperio de la muerte, esto es, al diablo...Pues en cuanto él mismo padeció siendo tentado, es poderoso para socorrer a los que son tentados."

Hebreos 2:14,18

CURACIÓN EN GRUPO

La gente necesita prepararse primero en un grupo celular antes de que se produzca su transformación. Los líderes sabios animan a los miembros de los grupos a compartir experiencias honestamente y a orar unos por otros para experimentar la recuperación y la curación.

Los líderes eficaces de grupos celulares hacen que sus miembros se involucren hasta el punto de verse a sí mismos como agentes sanadores de Dios. Cada miembro del cuerpo de Cristo puede proporcionar curación a los demás. Nadie debería quedarse al margen.

Cuando Mónica llegó temprano a la reunión de nuestro grupo, empezó a abrir su corazón: "Me siento tan agradecida de no vivir ya con Andy. Me siento limpia por dentro, pero todavía sigue siendo duro; a veces siento como si lo necesitase". Frank y Kathy llegaron en medio de nuestra conversación y comenzaron a hablarle a Mónica de su propia experiencia. Mi esposa también le dijo unas palabras de ánimo; y al final todos acabamos orando por ella. Kathy y mi esposa comprendían mucho mejor que yo las necesidades de Mónica, y sus oraciones dieron exactamente en el blanco de las emociones de lo que Mónica estaba sintiendo.

Mónica esa noche salió de la reunión renovada. Se dedicó a vivir una vida pura y santa, sin su compañero.

Su curación llegó a través del ministerio del cuerpo de Cristo. Fíjate en la idea de curación y comunión en grupo. No es que una persona proporcione a todos la curación; son todos los miembros ministrándose entre sí. Es dejar de mirar solo a una persona para mirar a todos los que están involucrados en el grupo. La curación dentro del grupo celular no es misión de un predicador. Todos participan y a través de todo el grupo, Dios actúa y bendice a cada uno de ellos.

Los milagros a menudo ocurren cuando todos los miembros se convierten en ministros; y los miembros de la Iglesia se empiezan a ver a sí mismos como instrumentos de curación. En el libro *Connecting* (Conectar), su autor, el psicólogo Larry Crabb, escribió:

> La gente normal y corriente tiene el poder de cambiar la vida de los demás... El poder se encuentra en la conexión, ese encuentro profundo en el que la parte más auténtica de un alma se une con el vacío más absoluto de otra... Cuando eso sucede, el que da acaba sintiéndose más lleno que antes y el que recibe menos temeroso, incluso más deseoso de experimentar en mayor profundidad, una mayor conexión mutua. [2]

El poder del ministerio de grupos celulares se descubre permitiendo que cada miembro ministre y conecte con los demás. Es el momento en el que se producen la confesión, la curación interior, la participación transparente y la renovación. Me encanta el ministerio de grupos celulares porque permite que la gracia para todos se vea involucrada en el proceso de curación. Abre la puerta para que todos puedan ministrar a los demás y bendecirlos gracias a la poderosa oración curativa.

SENSIBILIDAD HACIA EL ESPÍRITU

Los líderes sensibles de grupos celulares piden al Espíritu Santo que manifieste las necesidades de los miembros, sabiendo que lo mejor que puede hacer un grupo es satisfacer las necesidades de sus miembros. Cuando el líder tiene esto en mente, está deseoso de hacer lo que sea necesario para que esto ocurra.

Una vez asistí a la reunión de una célula en la que el líder pedía a los miembros que escogieran sus canciones favoritas durante el tiempo de alabanza. Tras cada canción, el líder del grupo celular pedía a cada uno de los miembros que explicara por qué había escogido aquella canción en particular. Una mujer, Theresa, escogió una canción sobe renovación, y después empezó a sollozar: "He tenido una discusión muy fuerte con mi esposo hoy. He descubierto que se está viendo con otra mujer", espetó. "Me siento tan sucia. Por favor oren por mí". El líder del grupo, una persona interesada y guiada por el Espíritu, escuchó a Theresa sin sobrecargarla con citas bíblicas y consejos. Theresa sintió el amor de Dios cuando el líder del grupo se cambió de sitio para que ella se sentara en una silla mientras otros miembros oraban por ella. Theresa se sintió limpia y curada al salir de aquel tiempo de oración. Había llegado a la reunión herida y abatida, pero se fue llena y animada.

Para tener éxito en el ministerio de un grupo celular hay que comprobar que los miembros dejan el grupo edificados – aunque la curación se produzca o no en la vida de la gente – no si se siguió un orden o un plan en particular.

La sensibilidad es esencial en el ministerio de grupos celulares. Los que destacan en el ministerio de grupos celulares son los que son sensibles a las necesidades. Es mejor entrar en un grupo habiendo orado y estando abierto a cualquier cosa que Dios tenga para el grupo. Dios guiará; Él dirigirá. Mostrará al líder lo que es esencial. Tenemos que ser sensibles a las necesidades de los que están presentes. Dios quiere obrar entre nosotros, pero debemos permitirle que lo haga.

SILENCIO QUE FAVORECE EL PROCESO DE CURACIÓN

Cuando alguien está pasando por una crisis, no es el momento de decir: "Sólo tienes que confiar en el Señor. ¿No sabes que todas las cosas funcionan juntas para el bien de los que aman a Dios, para aquellos que han sido llamados según su propósito?" Este consejo, aunque sea correcto al cien por cien, en realidad hace más daño que bien a una persona que está herida y sufre. Antes de estar listo para escuchar un consejo, la persona debe saber primero que la gente de Dios le ayudará a soportar la carga. Él o ella están deseosos de encontrar alguien que les escuche, no una respuesta rápida a menudo citando un pasaje de las Escrituras. La curación se produce en el silencio del que sabe escuchar y amar. Dios es un sanador sensible, y desea que su gente escuche a los demás. ¡Escuchar es tan poderoso! Obra maravillas porque hace que la gente se sienta especial, amada y cuidada. Cuando alguien comparta una gran necesidad, debemos permitir que Dios fluya de forma especial y se manifieste. Quédate callado. Quédate en silencio ante Dios, y permite que Jesús ministre para las necesidades de esa persona.

Una vez compartida la carga, debería haber un momento de comprensión silenciosa. Cuando los miembros del grupo se sientan identificados con esa persona, surgirá un consejo devoto: "Joan, comprendo las dudas que te han surgido por el cáncer de tu amigo. Cuando mi hermano tuvo un tumor cerebral, tuve esos mismos temores. Luché durante días, preguntándome por qué Dios permitía que esta enfermedad afectase a mi familia. Pero después Dios me mostró que..." Las capas de las heridas pasadas se van desprendiendo, y aparece la nueva criatura en Cristo cuando el grupo celular ministra escuchando de forma comprensiva.

Es este mutuo entendimiento lo que resulta importante: no se trata de que una persona escuche, sino de que todo el grupo se implique. Cuando una persona se siente realmente escuchada, aparece la gracia y la comprensión y bendice a todo el que está implicado.

Lo mejor es que el líder aconseje al grupo que escuchen, en lugar de responder rápidamente con respuestas oportunas. Sin embargo, el líder debe demostrar con sus propios actos lo que quiere que los demás hagan. La gente no sigue necesariamente las palabras, pero sí los actos. Preparar una comunidad sanadora puede llevar algún tiempo, pero la espera merece la pena. Curar escuchando es la herramienta poderosa de Dios para curar a un mundo herido y perdido.

RECONSTRUIR MEDIANTE EL ÁNIMO

Escuchar abre la puerta al ánimo. Los líderes de los grupos celulares proporcionan curación cuando están listos para escuchar cualquier razón para alabar por pequeña que sea. Si hay una pizca de excelencia, un buen líder de grupo celular la detectará y la reconocerá. El enemigo trata de acusarnos a cada uno de nosotros mediante mentiras que desaniman: *nadie te respeta; no conoces bien la Biblia; no te atreverás a hacer ese comentario.* El líder del grupo celular es el agente que tiene Dios para ofrecer una palabra de ánimo que bendiga a la persona de forma abundante y la ayude a hablar en voz alta. Alabanza y ánimo son esenciales para que se produzca la curación.

Recuerdo que estuve en un grupo celular en el que el líder acompañaba cada respuesta con una pequeña crítica: "Casi lo consigues", decía por ejemplo James. Cuando alguien añadía otra respuesta, James replicaba: "No, no es eso, pero te estás acercando". El baile para encontrar la respuesta correcta continuaba. *Esto es como un examen en el colegio.* Pensaba para mí mismo. Cuando James hacia las últimas preguntas, los participantes acababan extenuados. Ninguno quería arriesgarse a hacer el ridículo. El temor al fracaso inundaba la habitación. El líder del grupo tiene que escuchar atentamente, porque la curación en realidad llega cuando se escucha.

Los mejores líderes de grupos celulares se ven a sí mismos como los agentes sanadores de Dios y animan a todos a participar, sabiendo que el ánimo es una de las principales formas de administrar el toque curativo de Dios. Practican las palabras de Proverbios: "Panal de miel son los dichos suaves, suavidad para el alma y medicina para los huesos" (16:24). Los grandes impulsores de grupos celulares evitan cualquier información o comentario que no sea edificante: eso destruye en lugar de edificar.

Un miembro de mi grupo tenía la manía de mezclar humor con sarcasmo y medias verdades. En una ocasión le dije al grupo que se cogieran de la mano para orar por una persona y que algunos podían acercarse y poner la mano sobre la persona por la que oraban. Este hombre dijo en un tono medio en serio medio en broma: "La Biblia no dice que nos demos la mano, dice que impongamos la mano sobre la gente". No supe si lo decía en serio o en broma, pero me sentí retado y su comentario no me pareció edificante. El Espíritu Santo me pidió que hablara directamente con él y le expusiera mi preocupación. Como le había dicho repetidamente a mi grupo que el cotilleo era pecado y que la Biblia nos decía que nos dirigiéramos directamente hacia la persona problemática, yo tenía que servir de modelo para esta verdad. Esta persona recibió inmediatamente mis palabras, se disculpó y comentó que solo estaba haciendo una broma y que no quería decir nada con ese comentario.

Algunas veces el líder de un grupo celular tendrá que seguir las palabras de Jesús e ir privadamente hacia la persona que ha dicho palabras poco edificantes en el grupo (ver Mateo 18: 15-17). Si lo que se dijo afectó al grupo de forma negativa, pide a la persona que se disculpe con todo el grupo. Esta es una de las razones por las cuales yo recomiendo encarecidamente que todo líder de grupo tenga su asesor: cuando una situación difícil como esta surge, es bueno saber que hay un líder con experiencia al que el líder del grupo puede contar sus problemas y del cual puede recibir consejo.

Todo el que asiste a un grupo celular está en un proceso de crecimiento y cambio. Como seres humanos pecadores los hay en todos los grupos celulares, los problemas inevitablemente aparecerán, pero a menudo, instruir al grupo de forma cuidadosa sobre el deseo del Espíritu Santo de edificar pondrá los límites y ayudará a evitar los problemas antes de que surjan.

SEGUIMIENTO Y PROCESO DE EDIFICACIÓN

Incluso antes de que se produzca la curación entre los miembros del grupo, Satanás trabajará horas extras para desanimar, condenar y tentar a la gente para que se vea inmersa en una red de mentiras y condenación. La transparencia sin transformación es superficial.

Algunas personas se han hecho expertas en descargar emociones profundas sin ningún deseo o intención de cambiar. En tales casos, la curación nunca se infiltra en profundidad para cambiar los valores centrales, sino que se queda en el ámbito emocional. Grandes líderes de grupos celulares repasan áreas de confesión para asegurarse de que la transformación se ha producido. Satanás es un auténtico tirano: nunca abandona. Como nos odia y quiere destruirnos, siempre está atacando y penetrando en la oscuridad de nuestras almas y mentes. Los líderes de grupo necesitan hacer un seguimiento de lo que ha hecho en las vidas de los demás. Sólo Dios puede dar la gracia necesaria para alcanzar las mentes y los corazones vacíos. Tenemos que ser dadores de gracia, permitiendo siempre que el Espíritu de Dios fluya a través de nosotros, ministrando a la gente a través de los dones del Espíritu y pidiendo a Jesús que nos tome, nos moldee y nos dé forma.

Cuando Vicki empezó a asistir a un grupo celular en la Verdugo Free Methodist Church de Los Angeles, California, en febrero de 2002, su matrimonio se estaba viniendo abajo, y su problema con las drogas enmascaraba temores escondidos. Sin embargo, en el ambiente amoroso del grupo, Vicki experimentó curación y liberación respecto a las drogas. Su matrimonio se restableció, y su marido, Tom, recibió a Jesucristo. Vicki maduró en Cristo al compartir sus problemas, recibió ánimo y aplicó la Palabra de Dios a su situación.

Pasados unos meses, Susan, la líder del grupo, se dio cuenta de que Vicki estaba tomando de nuevo grandes dosis de medicamentos y volviendo de nuevo a su anterior estilo de vida. Susan tuvo que encararse con Vicki con el hecho de que "cuando la gente tiene miedo, tiende a volver a antiguos mecanismos de comportamiento aprendidos. Pero no importa a qué mecanismos de comportamiento regreses, no puedes darle la espalda a mi amor por ti". Vicki empezó a llorar diciendo: "No importa las veces que haya fallado, tú nunca me has rechazado". Vicki reconoció que si no hubiera sido por Susan y el grupo ella se hubiera suicidado el año anterior.

Susan entendió que la curación era un proceso que necesitaba un seguimiento continuado. Los grandes líderes de grupos celulares se dan cuenta de que cuando una persona (o una pareja) revela un problema, está pidiendo ayuda diciendo: "Ora por mí" o "Ayúdame". La victoria se produce cuando el verdadero cambio se convierte en parte de la vida de la persona. El grupo celular debería hacer un seguimiento de la persona para que esta mejore su comportamiento, pero no de forma legislativa o legalista, sino dando ánimos constantemente. Debe producirse cierto tipo de seguimiento, y Susan es un gran ejemplo de ese seguimiento. Como líder celular, deberías hacer un seguimiento de lo que sienten los que están a tu alrededor. No les dejes ir a menos que hayan sido curados.

No todas las curaciones se producirán dentro del grupo. Los líderes sensibles utilizan el tiempo antes y después de la reunión para informarse sobre la transformación. Un líder, por ejemplo, podría decir: "Jim, tú hablaste de tu adicción a la pornografía y de que necesitabas liberarte de ese hábito. ¿Cómo lo llevas?" Incluso aunque a Jim le hubiese conmovido la oración, necesita un seguimiento y un ánimo constante para seguir siendo libre.

Algunos líderes de grupos celulares insisten en que sus reuniones duren dos o tres horas, pero cuando esto sucede la gente suele irse inmediatamente después de acabar la reunión debido a sus apretados horarios. Recomiendo encarecidamente que la reunión dure una hora u hora y media para permitir que la gente tenga tiempo para tomar algo juntos y relacionarse de forma espontánea. A menudo durante estos momentos es cuando se comparten más experiencias, hay más evangelismo y más comunión.

No toda la comunión o el ministerio se produce en los grupos celulares. Las células a menudo son el trampolín para las relaciones personales que se producen fuera de las reuniones. Janet, un miembro de nuestro grupo celular, sufría en silencio en su matrimonio por una falta total de comunicación. Sabiamente no habló de la carga que soportaba (esto hubiera sido perjudicial para su marido dentro del grupo). Sin embargo, pasó horas con mi esposa fuera de las reuniones, recibiendo ánimo y oración. Dios ministró para ella en el ambiente del grupo celular, pero la curó mediante una relación que se extendió más allá del grupo celular.

CURACIÓN DEL ESPÍRITU

La Iglesia es un hospital, no un centro de artes escénicas. De hecho, Jesús vino a curar a los heridos y a los necesitados. Comió con los pecadores y se relacionó con los menos privilegiados. Fue rechazado por los dirigentes religiosos porque dio prioridad a las necesidades de la gente por encima de las leyes humanas.

Después de que Jesús curase a un ciego en sábado, los fariseos estaban convencidos de que Él no era el Mesías porque había roto la ley del sábado: "Para juicio he venido yo a este mundo, para que los que no ven, vean, y los que ven, sean cegados" (Juan 9:39). A los únicos que Jesús no podía curar era a aquellos que eran incapaces de entender que necesitaban curarse. Como un doctor, vino a curar a los enfermos, no a los sanos.

Como Cristo, el líder del grupo celular debería volverse hacia los que están necesitados dentro del grupo, ofreciendo el poder curativo de Cristo a los heridos. El líder debe proclamar con valor el deseo de Cristo de curar hoy en día: física, espiritual y emocionalmente. Que el grupo celular es como un hospital es una verdad evidente que debemos aceptar: el poder curativo de Dios se manifiesta en la tierna atmósfera de la célula.

Los líderes necesitan una humildad semejante a la de Cristo y una fe infantil cuando ministran el poder curativo de Dios. Cuando esto ocurre, los miembros entienden y empiezan a orar unos por otros; viéndose a sí mismos como agentes curativos de Cristo. Todo el evangelio será proclamado, y todo el cielo se regocijará por la ampliación de la novia de Cristo, la Iglesia.

Parte 3

LOS
Dones del
Espíritu
EN LOS GRUPOS
CELULARES

5

EL CUERPO DE CRISTO Y LOS GRUPOS CELULARES

Lo asombroso de la Iglesia de Cristo es que Él obra de forma sobrenatural mediante seres humanos débiles y pecadores. Nuestra propia humanidad a menudo se mete en lo que Él quiere hacer, pero Cristo nos sigue llamando su Iglesia.

Los cristianos de principios del siglo I se enfrentaban a las mismas batallas y conflictos a los que nos enfrentamos hoy, y no obstante ellos estaban más cerca del fuego, del nacimiento de la Iglesia de Cristo. Algunos creyentes en la Iglesia del Nuevo Testamento en realidad fueron testigos de primera mano de la muerte y resurrección de Cristo. Un grupo más grande experimentó la llegada del Espíritu Santo el día de Pentecostés.

Las preguntas importantes son: ¿Cómo era la vida de la iglesia para aquellos primeros creyentes? ¿Qué encuentros con el Espíritu experimentaron mientras alababan juntos?

Un problema que estos primeros cristianos evitaban era cualquier preocupación por comprar tierra o construir edificios caros. Hoy en día, los programas de iglesia, los edificios y los presupuestos con facilidad empañan el auténtico significado de la iglesia conducida por el Espíritu Santo. La primitiva Iglesia estaba hecha para gente nómada, peregrina que se reunía de casa en casa. La Iglesia no tuvo ni construyó edificios a gran escala hasta el 323 d.C., aunque la arqueología ha descubierto inscripciones de edificios de iglesias (distintos a iglesias en casa) hasta en el año 150 d.C. [1]

LA NATURALEZA ÍNTIMA DE LA IGLESIA

Los grupos celulares llenos de Espíritu eran la Iglesia "normal" en el Nuevo Testamento; nunca se vieron como una Iglesia "añadida" a la Iglesia "real". El grupo celular *era* la Iglesia. Estas iglesias más pequeñas se reunían en grupos más grandes para celebraciones colectivas cada vez que era posible, pero las iglesias caseras pequeñas y llenas de Espíritu eran el principal vehículo a través del cual creció el cuerpo de Cristo en el periodo del Nuevo Testamento.

En la atmósfera del grupo celular, los creyentes experimentaron la naturaleza de la Iglesia de Cristo como un hogar espiritual de fe vivo, una familia, y el Espíritu Santo energizó el ministerio de todos los creyentes a través de los dones del Espíritu. Jesús constituyó apóstoles, profetas, evangelistas, pastores y maestros de entre todos los creyentes para armonizar la Iglesia y potenciar su crecimiento (ver Efesios 4:9-16).

En los primeros capítulos de Hechos, leemos que además de las reuniones en casa, los creyentes se reunían en el Templo (ver Hechos 2:46; 5:20, 25, 42) y en el pórtico del Templo (ver Hechos 5:12). La persecución pronto dificultó las reuniones de grupos grandes y el lugar de reunión preferido fueron las casas de los creyentes individuales. Estas simples iglesias caseras se convirtieron en el principal tipo de Iglesia en el periodo del Nuevo Testamento. Los escritores de las Escrituras solían referirse a la "*iglesia en casa de*" más el nombre de una persona (ver, por ejemplo, Hechos 12:12; Romanos 16:3-5; 1 Corintios 16:19; Colosenses 4:15 y Filemón 2).

Algunos han argumentado que la Iglesia primitiva habría escogido reunirse en edificios si no hubiera sido por la persecución que experimentaba. Sin embargo, los registros del Nuevo Testamento no apoyan este punto de vista. Incluso cuando la iglesia primitiva tenía la libertad de reunirse abiertamente en grupos grandes, los creyentes *escogían adicionalmente* reunirse de casa en casa para orar juntos, administrar la Cena del Señor y ejercitar los dones del Espíritu (Hechos 2:46; 5:42).

Por lo tanto, el grupo celular protagonizó la experiencia de la Iglesia primitiva durante los primeros trescientos años. El ambiente del grupo celular, de hecho, es una variable que se mantiene constante a lo largo del periodo de la Iglesia primitiva antes de que Constantino legalizara el cristianismo a principios del siglo IV.

EL CONTEXTO DEL NUEVO TESTAMENTO

Los escritores del Nuevo Testamento tenían el contexto de la casa en mente cuando elaboraban sus cartas a las distintas iglesias. Los teólogos nos recuerdan que la doctrina de la *inspiración de las Escrituras* se refiere al momento en que el escritor realmente escribió el pasaje de las Escrituras. Por lo tanto, las audiencias y los contextos de los autores son informaciones muy importantes a la hora de aplicar un pasaje particular de las Escrituras al siglo XXI.

Cuando los escritores del Nuevo Testamento escribieron sus cartas, estaban escribiendo a las iglesias en casa. Cuando escribían sobre el cuerpo de Cristo, la familia de Dios y el templo del Espíritu Santo, estaban imaginando comunidades íntimas y hogareñas donde los creyentes en realidad experimentaban tales imágenes. John Mallison, escritor y profesor de grupos celulares, reflexiona sobre el contexto de la iglesia primitiva: "Es casi cierto que toda mención a una iglesia o reunión local, ya fuera para alabar o para estar en comunión, es esencialmente una referencia a una reunión de la iglesia en casa". [2] Nuestra tendencia suele ser cometer el error de proyectar nuestra propia experiencia en los escritores del Nuevo Testamento en lugar de hacer lo contrario. Por lo tanto, cuando proyectamos por ejemplo nuestra experiencia actual de iglesia como edificio al contexto de las Escrituras, no podemos entender las Escrituras adecuadamente.

EL PROPIO CUERPO DE CRISTO

El tema bíblico de los dones y de la vida del Cuerpo es emocionante. En los tres pasajes donde Pablo escribió sobre el cuerpo de Cristo (ver Romanos 12; 1 Corintios 12-14; Efesios 4), definió cada parte según los dones. La única manera de saber donde encaja una persona en el cuerpo de Cristo es descubrir sus dones. El ambiente hogareño de la Iglesia primitiva daba a cada persona una amplia oportunidad de establecer, probar y descubrir sus dones espirituales.

Pablo describió la Iglesia como el propio cuerpo de Cristo, formado por distintas partes (ver 1 Corintios 12:27). Cristo de forma sobrenatural energiza a cada miembro a través del Espíritu Santo y los coloca dentro de su cuerpo según los dones distintivos que cada uno de ellos posee (ver 1 Corintios 1:18; 2:9-10). Cristo distribuye sus dones de forma equitativa sin importar la raza, la nacionalidad, el estatus socio-económico o el género. Las diversas partes se unen para formar un cuerpo (ver 1 Corintios 12:12-26). La unidad reina porque el Espíritu coloca a cada persona dentro del cuerpo según Su voluntad (ver 1 Corintios 12:11).

Hoy en día, más que nunca, necesitamos volver a los grupos celulares como lugar principal para ejercitar los dones espirituales. Es el contexto más natural para alabar y orar juntos. Es el mejor lugar para encontrar ánimo y seguimiento a medida que crecemos en nuestra relación con Cristo. También es el lugar más espontáneo y bíblico para el descubrimiento de nuestros dones espirituales.

Los dones espirituales se dan para el bien de la Iglesia. Los grupos celulares son lugares estupendos para experimentar con nuestros dones espirituales "desconocidos", incluso arriesgándonos al fracaso, porque sabemos que en el grupo celular se perdonarán nuestros errores. Todos tenemos un trabajo que hacer en el grupo celular. Todo el mundo es tenido en cuenta dentro del grupo celular. Por lo tanto, nos damos cuenta de los dones espirituales con los que actúan mejor los demás y los trabajos que les gusta hacer.

Algunos han intentado movilizar el ministerio de dones sin utilizar el grupo celular, pero creo que es mucho más fructífero promocionar los dones espirituales a través del ministerio de grupos celulares. En los grupos celulares, es más probable que se pueda hacer un seguimiento y se pueda dar ánimos de forma espontánea. En los grupos celulares, es más probable que el Espíritu Santo obre a través de las relaciones para edificar una vida espiritual de calidad y una unión entre los miembros. Este ambiente parece ser un medio natural de utilizar los dones del Espíritu para el bien común.

En la Iglesia primitiva, los miembros que ejercitaban con éxito sus dones en el contexto de las iglesias caseras eran elevados a una responsabilidad superior para que ejercieran sus dones en una red más amplia de iglesias en casa, o quizá incluso en las reuniones de celebración (ver Hechos 2:46). En Hechos 6, cuando los apóstoles pidieron a la gente que buscaran líderes entre ellos, ellos ya parecían saber quiénes eran los dotados (versículos 5-6).

Cuando la iglesia primitiva leyó las cartas dirigidas a ellos por Pedro y Pablo referentes a los dones espirituales, supieron inmediatamente qué hacer con la información. No necesitaban hacer un test sobre dones espirituales o llamar a un consejero de dones. No, ellos simplemente ejercitaron sus dones en el contexto de las relaciones que habían establecido en su comunidad de iglesia casera.

El grupo celular lleno de Espíritu es un lugar en el cual el cuerpo de Cristo toma vida a través de la obra sobrenatural de cada parte. El ambiente está vivo con posibilidad y orden, ya que el Espíritu es el que dirige lo que sucede. El mejor liderazgo está en armonía con la voz calmada y suave del Espíritu, permite que la paz de Dios reine y promueva la edificación en todas las cosas. A través de los dones, se distinguen las partes del cuerpo y la Iglesia expresa completamente los propósitos de Cristo. Los grupos celulares están donde los dones espirituales han sido puestos al descubierto, y los individuos tienen la oportunidad de ministrar a través del poder del Espíritu Santo.

LA FAMILIA DE DIOS

Agradezco tener un padre, una madre, dos hermanos y una hermana. Tenemos en común una línea genética y una herencia. Nací en la familia Comiskey el 6 de Mayo de 1956, pero un día en septiembre de 1973, experimenté un nuevo nacimiento en una familia diferente: la familia de Dios. En Efesios 3:14-15, Pablo escribió: "Por esta causa doblo mis rodillas ante el Padre de nuestro Señor Jesucristo (de quien toma nombre toda familia en los cielos y en la tierra)". Dios es nuestro Padre celestial, y nosotros somos el pueblo elegido de Dios, adoptados dentro de su familia, la Iglesia.

Nací dentro de esta nueva familia, que incluye a todos los creyentes por toda la eternidad y a todos los cristianos del mundo, pero también a esos creyentes con los que tengo relación personal en mi iglesia local. El grupo casero de mi iglesia local resalta esta verdad con la experiencia. Los que pertenecen a nuestro grupo celular en Moreno Valley, California, forman parte de mi familia espiritual. Dave celebra los cumpleaños con mis hijas. Mis hijos pasan la noche en casa de Sunitha. Brock trae naves a mis hijos para que jueguen con ellas. Todos vienen por Año nuevo y en otras ocasiones especiales. Somos una familia. Dave, Sunitha y Brock están solteros, y están unidos de forma natural y sobrenatural a mi familia tanto dentro como fuera del grupo celular. No obstante, también nos relacionamos como familia de Cristo con las otras familias de la iglesia.

Los Porter, por ejemplo, se unieron a nuestro grupo celular en 2004. Su vida cambió cuando experimentaron el ambiente familiar y el amor entre los miembros. Su hija de doce años, Bethany, encontró una familia espiritual auténtica. Escribió el siguiente poema y se lo leyó al grupo el día de Año nuevo para expresar su aprecio:

> Aunque los años pasen uno a uno,
> Aunque los recuerdos se vayan,
> Los buenos, los tristes, los divertidos, los malos,
> Siempre recordaremos los buenos tiempos
> Que pasamos riendo y jugando, comiendo y hablando.
> Estar juntos es lo mejor.
> Son mi familia, y yo soy su familia.
> Somos familia en Cristo.
> Juntos le diremos a la gente
> Cuánto les quiere Jesús y cuánto se preocupa por ellos.
> Aunque este año se fue
> Quiero decirles cuánto me divertí
> Sirviendo a Dios con ustedes.
> Así que este es el fin del poema.
> Espero que lo hayan disfrutado.
> Solo quiero que sepan que siempre los amaré
> Y me preocuparé por ustedes.

Los Porter forman parte de nuestra familia. Tenemos los mismos padres (la Trinidad). Hemos sido adoptados dentro de la familia celestial de Dios, y por lo tanto podemos llamarnos honestamente unos a otros "hermanos y hermanas". No hay nada como el ambiente de una casa para confirmar que efectivamente somos familia de Dios.

LA TENDENCIA AL INSTITUCIONALISMO

Muchas iglesias norteamericanas promueven los dones del Espíritu en el contexto de los ministerios que hay dentro de la iglesia. A menudo las listas de los dones espirituales que encontramos en Romanos, 1 Corintios y Efesios están relacionadas con papeles organizativos. Si alguien tiene el don de la enseñanza, por ejemplo, a esa persona se la recomendaría que enseñara en la escuela dominical. La persona con el don de ayuda serviría en el comité de edificación, contando ofrendas o doblando boletines. Los que tengan el don de la misericordia podrían unirse al círculo misionero de mujeres. La progresión suele ser de la siguiente manera:

- Una iglesia desarrolla una amplia variedad de programas y ministerios.
- Se ofrecen pruebas sobre dones espirituales para ayudar a la gente a decidir dónde pueden ejercitar sus dones dentro de los ministerios y programas creados.
- Se coloca a los miembros dentro de los programas y ministerios que la iglesia ofrece.

El principal problema de este tipo de enfoque es que resulta desequilibrado, impersonal y potencia una iglesia basada en programas. Los intentos por institucionalizar los dones son bienintencionados, pero descuidan una realidad central y vital: los dones no están principalmente vinculados con el mantenimiento de la institución. Los dones están vinculados con la edificación de personas y se ejercitan mejor con el contacto directo de persona a persona.

La gente no utiliza los dones del Espíritu Santo para mejorar la empresa o construir la Iglesia. Más bien, el Espíritu Santo se ocupa de la gente y utiliza a esas personas según Su deseo, en el momento adecuado y según la situación. Demasiado a menudo nos preocupamos de las obras de los dones del Espíritu e intentamos descubrir exactamente cuáles son nuestros dones espirituales. No obstante, en realidad, los dones no son nuestros, son Suyos, y Él manifiesta esos dones cuando desea hacerlo.

EL SACERDOCIO DE TODOS LOS CREYENTES

Ministerio no quiere decir que tenga que ser practicado por pocas personas. Apocalipsis 1:6 declara que Cristo ha llamado a la Iglesia para que sea el reino de los sacerdotes. Los que están especialmente dotados para desempeñar oficios en la Iglesia (apóstoles, profetas, evangelistas, pastores y maestros) están en la posición especial de formar a la Iglesia de Cristo para que funcione como sacerdotes y ministros (ver Efesios 4:10-12).

Como hijos de la Reforma, la mayoría de los cristianos protestantes de hoy en día estarían de acuerdo en que todos los creyentes están llamados a ser ministros. Desde una perspectiva práctica, sin embargo, la mayoría de la gente se sienta y mira cómo los clérigos pagados hacen su trabajo. A menudo la iglesia aprueba el sacerdocio de todos los creyentes educados: sólo las personas "dotadas" o "muy bien *educadas*" utilizan sus dones de manera significativa. Elton Trueblood dijo una vez:

> Todos sufrimos una terrible enfermedad en nuestras iglesias. Se llama *Espectadoritis*. Hablamos de la

congregación como la audiencia. No somos la audiencia; somos los actores... Si creemos sinceramente en el evangelio, tenemos que creer que Dios tiene vocación por todos nosotros. El secreto es participación, participación y participación. [3]

La naturaleza de espectador que tiene la Iglesia no hace que sus miembros se conviertan en ministros ni hace discípulos entre las multitudes. No es capaz de promover el sacerdocio de todos los creyentes, y resalta el hecho de *escuchar* la Palabra. Aunque debemos siempre regocijarnos en aquellos a los que Dios ha llamado a predicar, las Escrituras nos dicen que somos todos ministros y que el mismo Dios "nos hizo reyes y sacerdotes para Dios, su Padre" (Apocalipsis 1:6).

La mayoría de los seminarios enseñan a los futuros pastores cómo predicar, aconsejar, visitar, oficiar funerales y bodas, administrar los sacramentos y atender de cualquier otra manera las necesidades de la iglesia. La enseñanza en el seminario se basa en la idea de que la iglesia es el lugar donde la gente se reúne para oír al predicador hablar. Se resaltan los dones de predicación y enseñanza, pero otros dones como profecía, sanidad, servicio, organización, misericordia y conocimiento son poco visibles. El resultado es una enseñanza fuerte, pero poca vida en el Cuerpo. Poca gente está ocupada, es competente, y está cansada.

El pastor coreano David Yonggi Cho hizo un descubrimiento revolucionario a principios de los años 1970. En aquel tiempo estaba agotado siendo el pastor de su iglesia en crecimiento; casi muere de agotamiento. Por necesidad, empezó a entrenar a gente no profesional para que se ministraran unos a otros en grupos pequeños.

Ahora, 25.000 grupos más tarde, Cho tiene la iglesia más grande en la historia de la cristiandad, y ha iniciado el movimiento moderno de iglesias de células. Cho escribe:

> En nuestros grupos celulares, aunque el líder enseña desde la Palabra de Dios, basándose en unas directrices aprobadas por la iglesia, los otros miembros tienen la oportunidad de aportar una palabra de profecía, lenguas e interpretación, palabra de conocimiento o una palabra de sabiduría. Todos pueden orar por los enfermos y, con fe, creer que Dios escuchará sus oraciones y curará a esa persona. [4]

El ambiente de las células caseras potencia el ministerio de todos los creyentes que están utilizando sus dones espirituales.

Cho permite a los líderes y a los miembros usar sus dones en los grupos celulares. El mayor beneficio de hacerlo en este contexto es que se quita algo del ministerio de las manos de unos "pocos escogidos" y se pone en las de los no profesionales. No se permite que nadie se siente pasivamente. Todos deben implicarse. Debido a la multiplicación de los grupos, hay una necesidad constante de nuevos líderes, internos, anfitriones, líderes musicales y equipos evangelísticos. Se comparte la responsabilidad entre muchas personas y en la intimidad de un grupo pequeño e íntimamente unido, los cristianos pueden ejercitar sus dones espirituales.

El reto para los que lideran estos grupos es descubrir los dones de cada miembro, ayudando a cada persona a convertirse en sacerdote y ministro. En Romanos 15:14, Pablo declaró: "Estoy seguro de vosotros, hermanos míos, de que vosotros mismos estáis llenos de bondad y rebosantes de todo conocimiento, de tal manera que podéis aconsejaros unos a otros". Pablo creía que el Espíritu Santo era competente y capaz para trabajar en las iglesias que él estableció. Y no obstante Pablo también se dio cuenta de que la única manera de que la gente se sintiese competente para ministrar era que se les diese la oportunidad de hacerlo. Los líderes de grupos celulares tienen el reto increíble de dar a los demás la oportunidad de servir y al final liderar un grupo.

Cuando se llama a los creyentes, se les anima y se les ofrecen oportunidades importantes para servir, muchos actúan siguiendo la motivación interna y la preparación del Espíritu Santo. Todo el mundo tiene un rostro, un nombre, una vida. En este contexto de pertenencia, los dones espirituales pueden fluir libremente. En un ambiente de amor, los miembros del grupo están deseosos de arriesgarse a utilizar los dones que tienen.

El descubrimiento de los dones espirituales de los miembros de un grupo celular no es únicamente para su beneficio personal, ni siquiera para el beneficio del grupo. La esperanza es que todos los que descubran sus dones a través del grupo celular también se implicarán en el contexto más amplio de la iglesia. Muchos se pueden beneficiar cuando se descubren y se utilizan los dones.

En Wellspring, la iglesia donde yo ministro, preparamos lecciones basándonos en los sermones y se las doy a los líderes de los grupos celulares. Sin embargo, les damos libertad para tratar otros temas siguiendo la dirección del Espíritu. Animamos a los grupos a ejercitar sus dones espirituales y a practicar el sacerdocio de todos los creyentes.

La cultura posmoderna resalta la igualdad en el acceso y la participación. Mientras que el mundo moderno se podría describir como la *edad de la representación*, el mundo posmoderno es la *edad de la participación*. Vivimos en la época del karaoke. Todos quieren participar. Todos se pueden levantar y cantar una canción. Bill Easum, autor y consejero, hablando de la emergente iglesia actual, dijo: "El sacerdocio de los creyentes finalmente surgirá. La mayoría del ministerio en las iglesias sanas será llevado a cabo por gente no profesional. Los pastores laicos serán la norma." [5]

EL TAMAÑO DEL GRUPO

En la Iglesia primitiva, si la comunidad familiar se hacía muy grande, los líderes de iglesias familiares establecidas buscaban un nuevo líder e iniciaban una nueva iglesia casera. El nuevo líder maduraba en el ambiente rico en dones de la iglesia casera. La iglesia florecía dentro de comunidades orgánicas caseras.

Mi propio grupo celular acabo dividiéndose porque asistía demasiada gente a él. Nadie se atrevía a invitar a una persona nueva a nuestra comunidad porque nuestro salón ya estaba abarrotado de adultos y niños. Todos disfrutábamos de una comunión excelente, de una alabanza estupenda y de la presencia del Espíritu Santo, y nos alimentábamos de la Palabra durante cada reunión. Pero también empezamos a notar que nadie hablaba de evangelización. Interiormente todos nos preguntábamos *¿Dónde pondremos a los nuevos?*

Mi esposa y yo luchábamos con este "bendito dilema" de tener demasiada gente. Sabíamos en nuestro interior quiénes serían líderes ideales para la multiplicación: una pareja que traía a sus cinco hijos todas las semanas a la reunión. Pero cuando se lo comentamos, ellos contestaron: "Todavía no estamos preparados". Oramos y continuamos luchando con este problema ante Dios.

Una noche después de nuestra reunión de oración, el esposo me comentó la falta de evangelización que había en el grupo. Yo conseguí explicarle que el problema era el tamaño de nuestro grupo. El Espíritu le hizo ver que él y su familia tenían que abrir un nuevo grupo. Esta pareja ahora está liderando un grupo, y la intimidad y la evangelización se pueden mantener ahora en ambos grupos.

Algunas personas creen que el grupo celular original debe permanecer siempre unido, pero el concepto de los dones del Espíritu debería en realidad impulsar al grupo a buscar y formar nuevos líderes. Si un grupo se hace demasiado grande, no todos podrán utilizar sus dones, y por eso es tan importante que los nuevos grupos crezcan y se multipliquen. Cuando la gente de una comunidad pequeña descubre y utiliza sus dones espirituales, la multiplicación del ministerio es más eficaz y vital.

Un ministerio de grupos celulares que se centra en la multiplicación tendrá más éxito, cuando cada grupo crea en la movilización de los dones de sus miembros. Ejercitar los dones espirituales hace que el grupo se mantenga sano, y las células sanas se multiplican. La cualidad de cuidar dentro del grupo atraerá a otros, incluso a no creyentes.

Alguien dijo una vez: "La comunidad empieza con tres personas y acaba con quince". Mantener el grupo pequeño conserva la sensación de comunión. Sólo en la intimidad de un grupo pequeño, íntimamente unido, la gente se confiesa sus faltas mutuamente para ser curados (ver Santiago 5:16). Hablar abiertamente resulta más difícil cuando el grupo pasa de las quince personas. La búsqueda de comunión y el deseo de que todos utilicen sus dones espirituales debería animar a todos los grupos celulares a formar nuevos líderes para multiplicar grupos. Esto ofrecerá nuevas esperanzas a la gente necesitada.

Algunas personas son eficaces alcanzando gente, mientras que otras son más aptas para alimentar a los nuevos y a los antiguos creyentes. Los miembros con el don de evangelización y exhortación son muy buenos para traer gente nueva al grupo. Una vez allí, los miembros con el don de hospitalidad les harán sentirse bienvenidos, y los que tengan el don pastoral y el de misericordia ofrecerán un cuidado constante y de calidad.

Muchos impulsores actúan como si el evangelismo en el grupo celular fuera su principal responsabilidad. Toman para sí la carga de hacer crecer al grupo, en lugar de depender de los dones de las demás personas implicadas. Sin embargo, la evangelización en grupos celulares se parece más a pescar con una red que con caña. El aspecto de grupo del evangelismo celular quita la carga al líder y la coloca sobre todos los componentes de la célula. La pesca con caña se hace de forma individual, mientras que la pesca con red necesita la ayuda de muchas manos. La pesca con red es un trabajo de grupo, y como resultado se consigue una mayor captura de peces; la pesca con caña sólo consigue pescar un pez de cada vez. Cuando Jesús les dijo a Simón y a Andrés: "Venid en pos de mí, y haré que seáis pescadores de hombres" estaba hablando de convertirse en pescador con red, esa es la manera en la que se solía pescar entonces. La belleza del evangelismo de células de hoy en día es lanzar las redes y recogerlas gracias al esfuerzo del grupo(ver Marcos 1:16-17).

El grupo celular de Bill Mangham a menudo planea eventos para la evangelización. En una ocasión utilizó la historia de Zaqueo, el recaudador de impuestos al que Jesús transformó (ver Lucas 19:1-10), para su lección. Todos ayudaron a planear la reunión: una persona trajo comida; otra preparó la forma de romper el hielo; la esposa de Bill, Ann, se encargó de la casa; y todos en el grupo oraron por la lista de invitados (familia, amigos y socios de trabajo) y después invitó activamente a aquellos que Jesús le trajo a la mente. Cuatro no cristianos asistieron al grupo por primera vez aquella noche. El grupo recibió a los nuevos y les hizo sentirse como parte de la familia.

Después de la lección, Bill invitó a todos a unirse a Jesús desde la quietud de su corazón. Ninguno sabía si todos habían aceptado a Jesús hasta el momento de tomar los refrescos. Rene, un miembro del grupo, preguntó a la pareja que había invitado qué pensaban de la lección. Ellos dijeron que habían aceptado a Jesús durante el momento de oración. Jesús transformó a esta pareja. Se convirtieron en miembros fieles del grupo celular y empezaron a asistir también a la reunión más amplia de los cultos.

Lo que ocurrió en el grupo celular de Bill Mangham no es único, no obstante la mayor parte del entrenamiento evangélico en Estados Unidos se concentra en el individuo. Los individuos reciben instrucciones sobre cómo compartir el evangelio en el trabajo, en casa y en el colegio. En contraste, el evangelismo en grupos es una experiencia compartida. Todos están implicados, desde la persona que realiza las invitaciones, pasando por el que trae los refrescos o el que dirige la discusión. Los planes del equipo sugieren estrategias evangelizadoras y encuentran nuevos contactos juntos. Los grupos celulares proporcionan un gran ambiente para no cristianos.

EL CONTEXTO DE UN GRUPO GRANDE PARA LOS DONES ESPIRITUALES

Como he investigado grupos celulares en distintas iglesias y contextos en todo el mundo, me he dado cuenta de que no todas las iglesias de células enfatizan los dones espirituales en el mismo grado. Algunas prefieren que los miembros individuales utilicen sus dones en las reuniones de grupos más grandes. Estos dones podrían ser profecía y otras manifestaciones parecidas, incluyendo lenguas e interpretación. La razón para querer que estos dones se manifiesten en grupos más grandes es el deseo de pastores y ancianos de estar presentes cuando se ejercitan esos dones. [6]

Aunque respeto y entiendo las razones por las que algunas iglesias de células escogen actuar de esta manera, me preocupa que muchas menos personas puedan realmente ejercitar sus dones debido a estas limitaciones. Muy pocos miembros, por ejemplo, tienen el valor suficiente para tomar un micrófono cuando hay miles de personas presentes y con calma profetizar, hablar en lenguas o hacer una interpretación.

Digo esto por propia experiencia. Recuerdo que allá por 1975, estaba sentado entre la multitud en el Melodyland Christian Center en Anaheim, California, donde antiguamente era pastor Ralph Wilkerson. Yo esperaba entre la audiencia con mi recién descubierto don de profecía. Unas mil personas estaban presentes en el culto. Después del culto, el pastor Wilkerson dejaba un tiempo para que la gente ejercitara sus dones espirituales. Esperé el momento adecuado, y después, emocionado y con las rodillas temblando, me levanté y solté una profecía lo suficientemente alto como para que la escuchara la mayor cantidad de gente posible. ¿Fue natural para mí hacer eso? Para nada. Pero honestamente, fue una de las pocas oportunidades que se me ofrecieron para ejercitar el don que yo creía que Dios me había dado. Todavía no había empezado mi grupo casero en aquel tiempo, y quería ser obediente para usar lo que Dios me había dado.

Aunque aquel arrebato profético del joven cristiano entusiasta de 1975 puede haber sido admirable, no se pudo producir de nuevo. Dios me dio la gracia para hacerlo, pero a la mayoría de la gente, en particular la que es tímida y vergonzosa, le resultaría difícil experimentar, probar e incluso descubrir sus dones espirituales en situaciones así.

Sin embargo, en un grupo más pequeño, la gente *puede* aprender a ejercitar sus dones sin temor o sin sentirse intimidados. Mi creciente convicción, de hecho, es que el contexto de los grupos más grandes es el lugar *menos* eficaz para aprender a ejercitar los dones espirituales. Sólo unos pocos creyentes pueden realmente ejercitar sus dones en el ambiente de un grupo grande. ¿Cuántos pueden dirigir una alabanza? ¿Cuántos pueden predicar? ¿Cuántos pueden ser acomodadores? En realidad, las oportunidades de ejercer los dones en tales situaciones son limitadas.

Está garantizado, tanto los grupos grandes como los pequeños pueden proporcionar a los creyentes la oportunidad de ejercitar sus dones espirituales. Sé que es necesario discernir lo que Dios quiere. Él es el que guía y dirige, y Él quiere que utilicemos nuestros dones tanto en las grandes celebraciones de alabanza como en los grupos celulares. Pero creo que el orden correcto sería dar prioridad a los grupos pequeños frente a los grandes. La gente puede aprender a ejercitar sus dones espirituales en los grupos celulares, y después de conseguir confianza en sí mismos, pueden encontrar maneras de utilizar sus dones en el contexto de grupos más grandes.

En los grupos pequeños, una persona puede probar, equivocarse, aprender, probar de nuevo y continuar aprendiendo. Debby, por ejemplo, tiene talento para tocar la guitarra, lo cual va unido a sus dones de liderazgo y profecía. Toca su guitarra fielmente los miércoles por la noche durante las reuniones. Al final, los líderes se dieron cuenta de su fe y sus habilidades y le pidieron que se uniese al grupo de alabanza del sábado por la noche. En los grupos celulares se descubren a menudo dones que pueden ayudar al resto de la iglesia.

Tanto los grupos pequeños como los grandes son importantes para descubrir dones del Espíritu. El orden normal debería ser utilizar los dones fielmente en un grupo celular y después mejorarlos tanto en grupos pequeños como en grandes.

La Iglesia primitiva demostró cómo los grupos llenos de Espíritu usan sus dones de forma excelente, representando el cuerpo de Cristo en la tierra y dejando que todos se conviertan en sacerdotes y ministros del Dios vivo. Siguiendo sus pasos, toda la Iglesia será edificada y se acercará a Dios, el Dador de los dones.

6

CÓMO FUNCIONAN LOS DONES EN LOS GRUPOS CELULARES

He notado una enfermedad mortal que afecta a muchos líderes de grupos celulares. Se llama el "Síndrome del super líder". Es mortal porque a menudo conduce a la desaparición o retiro del líder del grupo celular. La enfermedad puede hacer que el líder sobreviva durante varios meses o varios años, pero mi experiencia es que casi siempre es terminal.

El líder del grupo celular es el impulsor, no el burro de carga. Es la persona que orquesta el trabajo que todo el grupo, a su vez, lleva a cabo. Y aquí es donde los dones del Espíritu juegan un papel vital.

Simplemente hay demasiado trabajo para que un líder lo haga solo. Piensa en las siguientes presiones que un líder celular coloca sobre sí mismo cuando asume la declaración "Tengo que hacer todo el trabajo": debe preparar e impulsar las distintas partes de las reuniones semanales, haciendo que al final parezcan perfectas y profesionales; debe personalmente alcanzar a sus amigos perdidos (y a los amigos perdidos de los miembros del grupo) para Cristo; debe reunirse con todos los del grupo lo más a menudo posible asesorándolos y disciplinándolos para que se conviertan en creyentes fuertes; debe entrenar a los internos y a los aprendices mostrándoles lo que él hace, para que cuando ellos tengan su propio grupo, sepan lo que tienen que hacer.

En lugar de hacerlo todo tú mismo – lo cual nunca creará un sentido de comunidad ni formará a nuevos líderes – implica a todo el equipo mediante los dones que cada persona posee. Pide a los demás que te ayuden en cada aspecto de la vida de la célula y del liderazgo:

- Descubre lo que les gusta hacer a los demás según sus dones.
- Delega en los demás las distintas partes de la reunión semanal, durante un mes seguido, y vigila su aprendizaje mientras ellos lo hacen. Por ejemplo, pide a alguien del grupo que se encargue de los refrescos, que otro se encargue de la oración, la alabanza, de la parte pastoral, etc.
- Pide a otros que sean los anfitriones.
- Establece una relación de asesoría con los miembros del grupo celular.
- Forma un grupo que te ayude a hacer planes.

Todo esto se puede llevar a cabo haciendo que los miembros entiendan dónde están sus dones espirituales y estando comprometidos al cien por cien en que los demás utilicen sus dones y talentos. Implicando a los demás, el grupo se convertirá en un lugar emocionante para el ministerio y el crecimiento, y tú no te sentirás como Atlas, con el peso del mundo sobre tus hombros.

En realidad muchos creyentes están aburridos de sus vidas cristianas, especialmente si todo lo que parecen hacer es ir a la iglesia, sentarse y escuchar los sermones y después volver de nuevo a casa. Los dones espirituales permiten a la gente descubrir su lugar dentro del Cuerpo y servir junto a otros mientras siguen a Jesús. En el ambiente de un grupo celular, los creyentes trabajan juntos para edificar el Cuerpo y alcanzar a los que no están en Cristo. Los dones espirituales utilizados con amor, ayudan a las personas a descubrir su propósito en relación con la Iglesia.

LA DEFINICIÓN DE DONES ESPIRITUALES

En griego, el idioma original del Nuevo Testamento, la palabra *charismata* significa "don". *Charismata* hace referencia a "algo otorgado por gracia, favor o amabilidad especial". De hecho, la palabra griega *charis*, la primera mitad de la palabra *charismata*, significa "gracia". Los dones del Espíritu son, pues, gracia no merecida que Dios otorga a los creyentes que nacen de nuevo. Los dones del Espíritu son simplemente la extensión de la gracia de Dios para con su pueblo.

La conexión entre la gracia y los dones se ve claramente en Romanos 12:6, donde Pablo escribió: "Tenemos, pues, diferentes dones [*charismata*], según la gracia [*charis*] que nos es dada". A algunas personas les gusta referirse a los dones del Espíritu como "gracias" por la íntima conexión que los dones espirituales tienen con la gracia de Dios. [1]

EL PAPEL SOBERANO DEL ESPÍRITU SANTO

El Espíritu Santo posee los dones: son dones *del* Espíritu. El Espíritu puede dar uno, dos o más de estos dones a los creyentes, pero el creyente debe ser consciente siempre de que son del Espíritu y que sólo Él puede hacerlos funcionar bien.

El Espíritu soberano distribuye sus dones de acuerdo con su plan y propósito. Pablo escribió en 1 Corintios 12:7 y 11:

> Pero a cada uno le es dada la manifestación del Espíritu para el bien de todos... Pero todas estas cosas las hace uno y el mismo Espíritu, repartiendo a cada uno en particular como él quiere

El Espíritu Santo equipa a la Iglesia con dones espirituales para que pueda servir a Cristo, porque la Iglesia es la novia de Cristo. Como cabeza suprema de la Iglesia, Cristo guía y dirige a los creyentes mediante la obra del Espíritu Santo.

Uno de los usos clave de los dones es ofrecer claridad y propósito. Los líderes lideran. Los administradores administran. Los profetas guían. Los apóstoles pavimentan nuevos caminos. Dios utiliza los dones de conocimiento, sabiduría y profecía para animar y edificar. Los dones de ayuda, misericordia y hospitalidad nos recuerdan que Dios se preocupa por nosotros y nos ama. Los maestros nos mantienen en el camino correcto. Los que tienen el don de discernimiento nos protegen contra las fuerzas demoníacas. Cuando las "gracias" del Espíritu de Dios se mueven entre su pueblo, la Iglesia de Jesucristo funciona correctamente.

EL PAPEL DEL CREYENTE EN EL USO DE LOS DONES

El creyente es llamado a descubrir cuáles son los dones que el Espíritu Santo ya le ha dado como individuo. No escogemos los dones que recibimos, pero debemos desarrollar los que nos han sido dados porque tendremos que dar cuentas de ellos. Pedro empezó su exhortación sobre los dones diciendo: "El fin de todas las cosas se acerca" (1 Pedro 4:7). Concluyó el pasaje diciendo:

"Cada uno según el don que ha recibido, minístrelo a los otros, como buenos administradores de la multiforme gracia de Dios. Si alguno habla, hable conforme a las palabras de Dios; si alguno ministra, ministre conforme al poder que Dios da, para que en todo sea Dios glorificado por Jesucristo, a quien pertenecen la gloria y el imperio por los siglos de los siglos. Amén."

1 Pedro 4:10-11

A la luz de la venida de Cristo, Pedro nos recordó que debemos desarrollar y utilizar nuestros dones, ya caigan en la categoría de hablar (enseñanza, profecía o exhortación) o en la de servir (ayuda, misericordia o generosidad). En Mateo 25:14-30, Jesús contó la parábola de los talentos; somos responsables de los dones y los talentos que se nos dan.

Las Escrituras exhortan al creyente a desear dones espirituales (1 Corintios 14:1). Pablo incluso dijo de forma implícita que era aceptable desear unos dones por encima de otros (como profecía por encima de lenguas). El tema del deseo desemboca en la idea de la expectación. El creyente no sólo debería desear los dones espirituales, también debería esperar que Dios los manifestase. Porque queda claro en las Escrituras que el Espíritu Santo quiere que esto suceda en su Iglesia, el siguiente paso es esperar que Él lo haga.

Una vez hablé con un grupo de pastores sobre dones espirituales. Algunos eran muy activos practicando todos los dones espirituales, mientras que otros se mostraban precavidos debido a experiencias pasadas. Sin embargo, a pesar de sus diferencias, la única cosa en la que estaban de acuerdo era su necesidad de *esperar* que Dios obrara. La participación activa en los dones espirituales crea expectación de que Dios esté obrando. Desafortunadamente, la expectación es una pieza que falta en muchos grupos celulares e iglesias. Líderes fatigados perdieron la esperanza de que Dios obrara. Practicar los dones espirituales renueva la pasión de la gente para ver a Dios obrando en el grupo. Algunos líderes de grupos celulares organizan hasta tal punto su agenda que a veces parece que el Espíritu Santo debe pedir cita previa para aparecer. La organización muy reglamentada puede reprimir la actividad del Espíritu Santo dentro del grupo. Los líderes de grupos celulares eficaces dejan espacio para que entre el Espíritu Santo y se manifieste mediante los dones de su gente.

Además de las instrucciones para desarrollar, desear y esperar los dones, las Escrituras nos dicen "No apaguéis al Espíritu. No menospreciéis las profecías" (1 Tesalonicenses 5:19-20). Si estamos de acuerdo en que las palabras de Pablo son aplicables a los creyentes que viven en el siglo XXI, debemos permitir, esperar y practicar el fluir de *charismata*. Algunas personas se resisten a implicarse en el uso de los dones por:

temor al fanatismo
temor al fracaso
temor a que la utilización de los dones suponga un compromiso mayor con Jesucristo
temor al desorden

Aunque puede existir una preocupación por el desorden o la falsa profecía, el mandato de las Escrituras es que permitamos al Espíritu moverse libremente entre nosotros.

Un principio definitivo respecto a los dones es poner amor en todo lo que se hace. Pablo, convenientemente, colocó el "capítulo del amor" (1 Corintios 13) directamente entre capítulos sobre dones espirituales (1 Corintios 12 y 14).

Pablo estaba recordando a la Iglesia que los dones espirituales deben tener el objetivo superior de la edificación, y no el del espectáculo o el del sensacionalismo. El Espíritu da energía a la gente para utilizar sus dones con el objetivo de servir a otros y finalmente bendecir el cuerpo de Cristo.

Como los dones espirituales no son para nuestro beneficio personal sino para bendecir a otros, el amor debe guiar todo el proceso. Si un don espiritual no edifica a otra persona, es mejor no utilizarlo. El amor del Espíritu Santo también ayuda a los que están utilizando sus dones en equipo para que marchen unidos. Como ningún cristiano tiene todos los dones espirituales, nos necesitamos unos a otros en el ejercicio de esos dones espirituales.

El amor es puro y sufrido. Si oramos para que alguien se cure, por ejemplo, y esa persona no aprecia el esfuerzo, es fácil ponerse a la defensiva e incluso enfadarse. Esto sucede con todos los dones. Quizás Sarah tiene el don de ayuda y se ofrece para limpiar la casa de Sandra durante los últimos meses de gestación de ésta. Pero quizá Sandra ni siquiera agradece el esfuerzo. Es normal que esto moleste a cualquiera, pero Sarah ayudó porque se sintió inclinada a hacerlo; estaba aplicando su don de corazón y por eso no se ofendió.

DONES Y TALENTOS NATURALES

Los *charismata* no son lo mismo que los talentos naturales o las habilidades. Los dones espirituales son manifestaciones del Espíritu Santo a través de un creyente en una situación dada. Los dones espirituales sólo se dan a los creyentes, pero tras la conversión, todo creyente recibe un don espiritual.

Los talentos naturales son aptitudes y habilidades que tienen tanto creyentes como no creyentes. Albert Einstein tenía una habilidad intelectual natural, que le permitía descifrar ecuaciones matemáticas complicadas. No obstante como no era creyente, Einstein no poseía un don espiritual.

Aparte de la distinción espiritual, hay a menudo una superposición entre los dones del Espíritu y los talentos naturales. Una persona con el don de la enseñanza, por ejemplo, es más probable que se dedique a enseñar fuera de la Iglesia. La mayoría del tiempo, los creyentes no se transforman en gente totalmente diferente cuando ejercitan sus dones. La gente que usa sus talentos naturales al servicio de Dios debería pedir a Dios que utilizara y bendijera lo que están haciendo con su talento. Los cristianos que manifiestan dones espirituales están abiertos a una actuación del Espíritu cuando Él quiera y donde Él quiera.

EL FRUTO DEL ESPÍRITU Y LOS DONES

El fruto del Espíritu viene del Espíritu mismo. Al igual que el Espíritu habita en cada creyente, así lo hace el fruto del Espíritu. Como implica el nombre, el fruto del Espíritu es parte del carácter del Espíritu que se manifiesta en la vida del creyente.

Los dones, en contraste, representan actividades específicas del Espíritu de Dios, no de su carácter. Los dones del Espíritu son manifestaciones del Espíritu que se dan para edificar el cuerpo de Cristo y hacer que funcione mejor.

Cualquiera que actúe según los dones del Espíritu debería hacerlo teniendo presente el fruto. Es posible que un creyente utilice los dones del Espíritu sin mostrar el fruto del Espíritu; esto es algo desafortunado, pero perfectamente posible.

EL NÚMERO DE DONES

Los dones se enumeran en tres pasajes bíblicos principales: Efesios 4, Romanos 12 y 1 Corintios 12-14. Pablo mencionó algunos dones en los tres pasajes y otros solo en algunos. Que señalara diferentes dones en relación con diferentes iglesias durante distintos periodos de tiempo ha hecho que mucha gente – incluido yo mismo – concluyera que Pablo simplemente estaba identificando dones particulares en funcionamiento, no declarando que sólo existían ciertos dones. El siguiente cuadro, representando cuatro "listas" o agrupaciones que ofreció Pablo en los tres pasajes principales, nos ayuda a entender su colocación de los dones.

Efesios 4:11	Romanos 12:6-8	1 Corintios 12:7-10	1 Corintios 12:28-30
Apóstoles Profetas Evangelistas Pastores Maestros	Profecía Enseñanza Servicio Exhortación Generosidad Dirección Misericordia	Profecía Palabra de sabiduría Palabra de conocimiento Fe Sanidad Milagros Discernimiento de espíritus Lenguas Interpretación de lenguas	Apóstoles Profetas Maestros Sanidad Milagros Ayuda Administradores Lenguas Interpretación de lenguas

No creo que la intención de Pablo fuera dar a la iglesia una visión cerrada de los dones del Espíritu. Mi punto de vista es que hay dones disponibles para los creyentes hoy en día. En otras palabras, no creo que los dones estén limitados a los enumerados en estos tres pasajes.

Los que escriben sobre los dones del Espíritu tienen diversas opiniones sobre el número de dones espirituales representados en la Biblia. Aquí hay algunos ejemplos: Ray Stedman sugiere que hay 16 o 17 dones; C. Peter Wagner cree que hay 27, Robert J. Clinton enumera 18 dones. Rick Yohn enumera 20. John Wimber describe 28. [2] El número de dones que cada persona propone depende en realidad de su manera de definir la palabra *charismata* y de la amplitud de su interpretación. Yo opino que deberíamos permitir la flexibilidad a la hora de definir los dones espirituales y mantenernos abiertos a que el Espíritu Santo nos revele dones adicionales.

LAS CATEGORÍAS DE LOS DONES

En el siguiente capítulo, definiré los dones específicos de una manera más ampliada. Pero para nuestros propósitos en este capítulo, aquí hay una lista de los dones por categorías, que parecen ser las que más sentido tienen. [3]

Los dones de servicio incluyen:

Organización (1 Corintios 12:28)
Ayuda (1 Corintios 12:28)
Generosidad (Romanos 12:8)
Misericordia (Romanos 12:8)
Servicio (Romanos 12:7)

Fe (1 Corintios 12:9)

Los dones de formación incluyen:
Exhortación (Romanos 12:8)
Sabiduría (1 Corintios 12:8)
Conocimiento (1 Corintios 12:8)
Enseñanza (1 Corintios 12:28)
Pastor (Efesios 4:11)
Apóstol (1 Corintios 12:28)
Evangelización (Efesios 4:11)
Liderazgo (Romanos 12:8)

Los dones de oración y adoración incluyen:
Profecía (1 Corintios 12:10)
Lenguas (1 Corintios 12:10)
Interpretación de lenguas (1 Corintios 12:10)
Sanidad (1 Corintios 12:9)
Milagros (1 Corintios 12:10)
Discernimiento de espíritus (1 Corintios 12:10)

Algunos dones adicionales que a veces se incluyen en listas como esta son: celibato, pobreza voluntaria, hospitalidad, misionero, exorcismo, martirio, trabajo manual, creatividad artística y música. No definiré estos dones adicionales en este libro, aunque varios recursos los explican. [4] El único don que no se enumera específicamente en las Escrituras y que yo sí trataré en este libro es el de oración, del que hablaré en el último capítulo.

DONES DE LOS LÍDERES DE GRUPOS CELULARES CON ÉXITO

Una pregunta clave a hacerse es si es necesario que el líder de un grupo celular tenga un don en particular. La búsqueda de la respuesta a esta pregunta fue uno de los factores que motivó mi investigación a setecientos líderes de grupos celulares en ocho países diferentes. Una de las preguntas de la encuesta era sobre los dones espirituales del líder. Se pidió a los líderes del estudio que anotasen cuáles creían que eran sus dones espirituales. Mi teoría antes de iniciar la investigación era que ciertos dones específicos, como evangelización y liderazgo, estarían relacionados con la eficacia del líder en el crecimiento y multiplicación de su grupo.

Sorprendentemente, los resultados del estudio estadístico mostraron que los líderes con el don de misericordia eran tan eficaces a la hora de hacer crecer y multiplicar como los líderes que tenían el don de la evangelización.

Creo que la razón de este descubrimiento es que los líderes de grupos celulares no dependen únicamente de sus propios dones: confían en el poder del Espíritu Santo para organizar los dones de todos los componentes del grupo celular. Los buenos líderes de grupos celulares se ven realmente a sí mismos como impulsores de otros. No tratan de hacerlo todo ellos solos. No se visten la camiseta de "Super líder". Los mejores líderes de grupos pequeños, de hecho, se apartan y permiten que los miembros con más energía del grupo muestren el camino.

He llegado a la conclusión de que el éxito de los impulsores de grupos celulares está más en relación con el proceso de maduración espiritual de un creyente que con el conjunto de dones que un líder posee. No hay nada que haga madurar más a un creyente que depender de Dios para preparar una lección, impulsar un grupo celular, preocuparse por los miembros y motivar al grupo para que alcance a los no creyentes. El Espíritu Santo utiliza el proceso de impulsar el crecimiento y la madurez de un grupo celular, y estoy seguro de que todo el mundo puede promover con éxito un grupo celular, aunque no todo el mundo lo hará. [5]

LA RECEPCIÓN DE LOS DONES

Hay dos puntos de vista sobre la recepción de los dones del Espíritu: el constitucional y el situacional.

EL PUNTO DE VISTA CONSTITUCIONAL

El punto de vista constitucional mantiene que los dones residen en el creyente como una habilidad semipermanente. La mayoría de los escritores sobre dones del Espíritu, incluido C. Peter Wagner, defienden el punto de vista constitucional, creyendo que una vez recibidos los dones del Espíritu Santo, estos son para toda la vida. Esta es la enseñanza básica:

Cada cristiano ya ha recibido sus dones para toda la vida,
Debemos descubrir y utilizar nuestros dones, y
Debemos estar conformes con los dones que nos han sido entregados.

La mayoría de los tests para determinar los dones espirituales se basan en este modelo. Un creyente simplemente rellena un cuestionario que determinará cuáles son sus dones espirituales.

El problema de este modelo es que asume que el Espíritu Santo sólo utilizará a un creyente dentro de sus áreas de dones. Por eso los pastores no resaltan los dones del Espíritu en sus iglesias: consideran que es contraproducente desarrollar discípulos maduros. Aunque esperan alentar la implicación en el ministerio cristiano, estos pastores, por ejemplo, creen que los creyentes quieren crecer sólo en una o dos áreas determinadas por sus dones espirituales. Llevando este punto de vista hasta el extremo, algunos creyentes se niegan a ministrar fuera de sus dones "identificados".

Reflexionando sobre el descubrimiento y uso de los dones espirituales, Richard Gaffin, profesor del Westminster Theological Seminary, comenta sobre el problema del punto de vista constitucional:

> Una forma en la que no hay que actuar es tomar el "inventario de dones" y preguntar: ¿Qué es lo que quiero para mi especialidad espiritual? ¿Qué es "lo mío" espiritualmente hablando que me distingue de los demás creyentes? El Nuevo Testamento nos haría tomar un enfoque más funcional, o de situación para identificar los dones espirituales. La cuestión clave es esta: ¿Qué necesidades hay en la situación donde Dios me ha colocado? [6]

EL PUNTO DE VISTA SITUACIONAL

El punto de vista situacional sugiere que los dones residen en la Iglesia y que el Espíritu Santo da a los creyentes los dones particulares cuando surge la necesidad. En el punto de vista situacional, cualquier miembro de la Iglesia de Cristo puede obrar con cada uno de los dones y con todos ellos si el Espíritu así lo desea.

El difunto John Wimber dijo: "Creo y enseño que el creyente puede actuar con todos los dones espirituales cuando Dios quiere y según Su propósito. Anteriormente nos hemos limitado a uno o más dones y hemos dado la espalda al resto". [7] Wimber define los dones espirituales como "manifestaciones sobrenaturales del Espíritu de Dios, que se dan momentáneamente para que el amor, la caridad, la amabilidad y la gracia de Dios se extiendan entre su pueblo." [8]

Según el punto de vista situacional del ministerio, la obra del Espíritu Santo se puede llevar a cabo en cualquier ambiente, porque el Espíritu Santo puede decidir dejar caer nuevas gracias sobre su Iglesia en cualquier momento, dependiendo de la necesidad y de la situación. Pablo escribió: "Pero a cada uno le es dada la manifestación del Espíritu para el bien de todos" (1 Corintios 12:7). Este versículo indica que el principal objetivo del Espíritu para la distribución de los dones es el bien común de la Iglesia, y no el del creyente individual.

La tendencia de los que viven en las sociedades individualistas occidentales es interpretar los pasajes sobre dones relacionándolos con los individuos. No obstante el Espíritu está preocupado principalmente por el grupo – en contraste con el individuo – y Él dota de *charismata* a la Iglesia. La razón por la que los individuos reciben gracia libre en forma de dones es la de bendecir y edificar la Iglesia de Cristo.

Este punto de vista situacional de los dones crea una expectativa mayor de que el Espíritu Santo obre de formas nuevas y excitantes, y no esperar, por ejemplo, a que Harry que tiene el don de lenguas ofrezca siempre su don el domingo a las 10:15 de la mañana. El punto de vista situacional también libera a los creyentes para que actúen con algo más que su don o su par de dones y sin esperar poder ser utilizados de ninguna otra manera, abriendo la puerta a nuevas posibilidades.

EQUILIBRIO ENTRE VERSIONES

Estoy convencido de que ambos puntos de vista tienen razón. Creo que el Espíritu Santo puede, en su soberanía, dar a cada creyente una de sus dotaciones en cualquier momento, incluso si ese don no forma parte del conjunto de dones usuales de la persona. Sin embargo, creo igualmente que el Espíritu normalmente coloca uno o dos dones predominantes en la vida del creyente.

Pablo parecía indicar la distribución de dones particulares a individuos en Romanos 12 cuando escribió:

> Digo, pues, por la gracia que me es dada, a cada cual que está entre vosotros, que no tenga más alto concepto de sí que el que debe tener, sino que piense de sí con cordura, conforme a la medida de fe que Dios repartió a cada uno... tenemos, pues, diferentes dones, según la gracia que nos es dada: el que tiene el don de profecía, úselo conforme a la medida de la fe
>
> Versículos 3, 6

Pablo después volvió a hablar de dones adicionales que el Espíritu Santo ha distribuido a los miembros del cuerpo.

Dios garantiza medidas de fe y gracia, y también distribuye dones particulares. La precaución en nuestra sociedad sobreindividualizada es entender que Dios se preocupa más del grupo que del individuo a la hora de otorgar sus dones.

Creo que todos los creyentes deberían estar abiertos a recibir nuevos *charismata* cuando el Espíritu lo desee. ¿Alguien necesita curación? Quizá Dios te dará uno de sus dones de sanidad en un momento concreto para satisfacer alguna necesidad en particular. ¿Alguien necesita un consejo específico? Tal vez Dios te dé el don de la exhortación para esa ocasión en particular. Quizá de repente Dios te otorgue el don de enseñar para clarificar un pasaje que vaya mucho más allá de tu capacidad de entendimiento. Puede que haga eso ocasionalmente, incluso aunque tú sepas en tu fuero interno que tu principal don espiritual es el servicio.

Parece que algunas personas se pasan elaborando listas de dones y métodos "infalibles" para descubrirlos. Una idea mejor es centrarse en las necesidades de la iglesia y después preguntar: "¿En qué posición me ha colocado Dios para hacer frente a estas necesidades?" El ejercicio de un don espiritual debería hacerte sentir pleno, pero lo que es más importante, debería ministrar a otros en el cuerpo de Cristo.

IDENTIFICACIÓN DE LOS DONES

A lo largo de este libro, he declarado que el grupo celular es el mejor lugar para ejercitar los dones espirituales. El ambiente de confianza en un grupo celular es la clave básica que permite el fluir libre de los dones espirituales. Cuando se establece la confianza, la gente está más dispuesta a arriesgarse y a probar nuevos dones potenciales. Un grupo celular tiene un gran potencial para proporcionar comentarios honestos sobre el éxito de la persona, así como de las áreas en que se debe mejorar.

OBRAR EN EL CONTEXTO DE UNA RELACIÓN

La única manera de descubrir los dones espirituales es en el contexto de una relación. Los tests sobre dones espirituales, aunque ayudan a los creyentes a pensar en las posibilidades que existen, son insuficientes en sí mismos. Las encuestas sobre dones hacen vislumbrar cómo percibir los dones, pero la gente puede proyectar en estos cuestionarios los dones que *quieren* tener, y no confirmar los dones que realmente tienen. [9] Cuanto más se relaciona la gente en el contexto de un grupo, mejor idea tendrán sobre sus propios dones espirituales, siempre recordando que los dones funcionan en el contexto de las relaciones. Animo a los creyentes a leer material, hacer uno o dos tests sobre dones, dar el paso de ejercitar los dones espirituales potenciales y después buscar la confirmación en los demás. ¿Se edificó la gente? ¿Cristo fue glorificado? Cuando hay mucha confianza, los miembros creen que pueden experimentar con varios dones, y no se sienten frustrados.

En el culto más amplio, la experimentación con los dones rara vez sucede porque una audiencia más amplia exige un cierto nivel de actuación. No se anima a la gente a correr riesgos en esos contextos, ni debería hacerse. En la seguridad del grupo celular y con el ánimo del líder del grupo, puede producirse la experimentación, y el Espíritu Santo traerá la bendición.

Aunque la principal aplicación de los dones espirituales se encuentra en la Iglesia, creo que el Espíritu también quiere utilizar los dones para alcanzar al mundo perdido. El Espíritu puede usar los dones ofrecidos a través de los creyentes en el trabajo, en casa o en el colegio. Jesús ama a todo el mundo, y quiere alcanzarlo mediante Su cuerpo. Quizá cuando estás hablando con un amigo o un compañero de trabajo, surge una necesidad concreta. El mismo Espíritu que obraba en tu grupo celular la noche antes quiere utilizarte entonces y ahora. Pide al Espíritu que te conceda sabiduría y que manifieste sus dones a través de ti, aunque sea con milagros, discernimiento de espíritus o servicio.

Si tienes el don de misericordia, por ejemplo, Dios sin duda te utilizará para hacer visitas al hospital, estés visitando o no a un miembro de la iglesia. Los que tienen el don de evangelización deben llevar su don al mundo en general. Robert L. Saucy, profesor del Talbot Seminary, dice: "Como la iglesia es iglesia estén sus miembros reunidos en reuniones colectivas o esparcidos en sus casas o comunidades, el ministerio de dones puede producirse en todas las situaciones". [10] Los dones son principalmente para la edificación de la Iglesia, pero al Espíritu Santo le encanta manifestar sus dones a la gente necesitada, estén donde estén.

EXPERIMENTAR CON DIVERSOS DONES

Una vez que los miembros del grupo se sienten cómodos unos con otros y saben más sobre dones espirituales, el líder puede animarles a confirmar sus dones espirituales en las reuniones celulares.

El don que Dios te da no tiene por qué ser diferente a tus habilidades naturales. Puede que incluso no aparezca en las listas (aunque las listas desde luego son buenos puntos de referencia), puede que no sea siempre el mismo don.

Cualquier cosa que Dios te haya dado que pueda utilizarse para satisfacer las necesidades del Cuerpo puede ser tu don espiritual. Muy a menudo, un don en particular surge en presencia de una necesidad en particular: una persona con dificultades emocionales, una persona poseída por el demonio, un no cristiano con preguntas serias. Ante estas necesidades, el Espíritu Santo podría darte un don que tu desconocías que tenías (¡y quizá *no* lo tuvieras hasta ese momento!).

El descubrimiento de dones se produce mientras nos servimos unos a otros, nos cuidamos y vivimos la vida del Cuerpo. Cuando te das cuenta de que Dios *constantemente* bendice tus esfuerzos en cierta área, puedes concluir con confianza que tienes ese don en particular.

Algunas iglesias magnifican sólo uno o dos dones hasta la exclusión de los demás. Algunos han llamado a este proceso "colonización de los dones". Si el pastor es un evangelista dotado que realiza campañas regumente, puede que haya una fuerte tendencia a organizar la iglesia entera en torno a la evangelización. Los otros dones del Espíritu Santo puede que se manifiesten en la iglesia con menos probabilidad porque la gente del mismo parecer se quedará o se irá, dependiendo de si les gusta el pastor o no.

Los grandes impulsores de grupos celulares, por otro lado, permiten más diversidad. El líder necesita estar abierto a permitir que la gente experimente con dones que son distintos a los suyos, siempre y cuando el uso de ese don edifique al resto del grupo. Cuando el líder dé más libertad a sus miembros para ejercitar sus dones, los miembros experimentarán una nueva responsabilidad y en consecuencia se sentirán más comprometidos con la iglesia.

COMPRUEBA TU NIVEL DE DESEO

Uno de los principales secretos tras el descubrimiento de los dones espirituales es intentar determinar tu "nivel de deseo" para actuar con un don en particular. Ejercitar un don no debería ser una tarea, debería disfrutarse de ello. Deberías experimentar un alto grado de pasión y deseo al ejercitar tus dones espirituales. Me gusta preguntar a los que están intentando identificar sus dones espirituales: ¿Te gusta explicar la verdad bíblica? Quizá tengas el don de la enseñanza. ¿Te gusta orar por gente del grupo, y cuando lo haces, ves que se curan? Quizá tengas el don de sanidad. ¿Te gusta traer refrescos y organizar eventos en grupo? Quizá tengas el don de ayuda o de organización. ¿Te sientes impulsado a visitar a miembros de células que tienen problemas? Quizá tengas el don de misericordia.

Gozo, emoción y plenitud deberían acompañar el ejercicio de los dones espirituales. Greg Ogden escribe en *The New Reformation*: "La pista central para descubrir nuestros dones espirituales es mantenerse en contacto con las esferas de servicio que producen un flujo de gozo interior, emoción y energía." [11] Que resulte una pesada carga ejercitar un don espiritual, podría deberse a que tal don no existe, la persona simplemente estaba intentando llenar con la carne lo que sólo el Espíritu Santo puede hacer a través de su *charismata*.

BUSCAR CONFIRMACIÓN DE OTROS

Otro test clave es la confirmación de los demás. A menudo le digo a la gente que busque confirmación con los miembros del grupo. ¿Qué confirma la gente en ti? Si notan tu capacidad para clarificar el significado de las Escrituras, puede que tengas el don de enseñanza. El don de consejería (exhortación) de mi esposa ha sido confirmado una y otra vez en el ambiente de los grupos celulares. Los dones se dan para la edificación del cuerpo de Cristo, y cuando edificas a alguien con tu don, otros te lo harán saber.

LIBERAR A OTROS PARA EL MINISTERIO

El "Síndrome del super líder" aparece cuando el *líder* cree que el título líder significa que él debe hacerlo todo. Esto simplemente no es verdad. Los mejores líderes utilizan los dones de todos los miembros de la célula. Los mejores líderes reconocen que cada persona de la célula tiene algo que compartir, y que utilizar los dones de cada miembro es esencial para la salud del grupo así como de la persona. Los mejores líderes de grupos celulares se dan cuenta de que a Dios le complace que todos trabajen juntos en armonía.

Durante mucho tiempo, yo pensé que los miembros de mi grupo celular estaban interesados en escucharme solo a mí, pero después descubrí que también querían oír a otros que no fueran yo. El ambiente del grupo celular es sencillamente muy apropiado para comentar de forma íntima un sermón, una lectura o un estudio bíblico. El grupo celular es también el perfecto campo de entrenamiento para que la gente aprenda a utilizar sus dones. En un grupo celular eficaz, la gente aprende a actuar, se forman para el ministerio, se les anima a utilizar sus dones y a desarrollar una visión. Al final, se convierten en líderes.

Empecé mi ministerio en un grupo celular. Aprendí a liderar, enseñar, exhortar, administrar y, por encima de todo, a ser el pastor de un pequeño grupo de personas. Líderes potenciales inseguros aprenden a extender sus alas y volar en el ambiente de un grupo celular dando pequeños pasos. Futuros líderes aprenden mediante un proceso creciente de hacer y aprender.

Los "super líderes" deben aprender a impulsar a otros pidiendo a los demás que se impliquen. Esto no sólo hará que el trabajo de los líderes del grupo celular sea más sencillo, también satisfará las necesidades de los miembros. Convertir a los miembros en ministros implica:

- Enseñar sobre dones espirituales y después ofrecer oportunidades para que los miembros utilicen esos dones

- Crear tareas para los miembros del grupo (como orar, dirigir la alabanza, traer los refrescos, evangelizar a los vecinos)
- Rotar el lugar de reunión del grupo para que diferentes miembros tengan la oportunidad de ser los anfitriones
- Hacer turnos para facilitar la lección en el grupo, permitiendo que se manifiesten dones específicos.
- La evangelización desde los grupos celulares, en los cuales se revelarán varios dones, incluyendo el don de la evangelización

Permitir que los grupos celulares participen es siempre arriesgado. Cuando la gente y las emociones se ven implicadas, no puede evitarse que se produzca un poco de desorden. No obstante también se genera vida y gozo, lo cual hace que los momentos difíciles merezcan más la pena. Como Pablo dijo sobre el Espíritu Santo: "El Señor es el Espíritu; y donde está el Espíritu del Señor, allí hay libertad" (2 Corintios 3:17). Debemos dejar que el Espíritu Santo traiga ese mismo tipo de libertad a nuestros grupos y permitirle que obre a través del grupo.

7

DONES DE SERVICIO Y FORMACIÓN

Cuando intentamos definir los dones específicos del Espíritu, es necesario aplicar cierta dosis de humildad. Después de todo, los escritores del Nuevo Testamento nos dieron poca información sobre cada don en particular. Algunos escritores modernos sobre dones espirituales describen valientemente cada uno de los dones detalladamente, cuando en realidad el Nuevo Testamento sólo ofrece una frase o menos sobre lo que ese don implica realmente.

Confío en que todos los dones del Espíritu están activos en la Iglesia de Cristo hoy en día. Algunas personas enseñan que los "dones de palabra" – como milagros, profecía, lenguas e interpretación de lenguas – cesaron con los apóstoles; dicho de otra manera, creen que los dones sobrenaturales solo se necesitaron hasta que se completó el canon del Nuevo Testamento.

Creo que lo que recoge el Nuevo Testamento sobre los dones espirituales sigue siendo tan activo, real y relevante en el siglo XXI como lo fue en el siglo I. La amplitud y el enfoque de este libro no me permiten tratar con detalle por qué creo que todos los dones del Espíritu están activos hoy en día, pero para leer más sobre este tema recomiendo el libro *¿Son vigentes los dones milagrosos?* editado por Wayne A. Grudem. [1]

Repetidamente en el ministerio de mi grupo celular, oigo a líderes sobrecargados que sienten que no tienen tiempo suficiente para cumplir con todas las responsabilidades del liderazgo del grupo. Cuando investigo un poco más, a menudo me doy cuenta de que estos líderes no han movilizado los dones de los miembros del grupo: el grupo se ha convertido en el espectáculo de una sola persona. En contraste, los mejores líderes de grupo cobran vida con gente dotada que realmente quiere ser utilizada.

Las tres categorías generales de dones incluyen servicio, formación y dones de oración y alabanza. Discutiremos la categoría de dones de oración y alabanza en los dos capítulos siguientes.

LOS DONES DE SERVICIO

Los dones de servicio abundan en la Iglesia de Cristo hoy en día. Muchos creyentes tienen uno de los dones de servicio, y los líderes de los grupos celulares necesitan percibir quién ha sido dotado con administración (ver 1 Corintios 12:28), ayuda (ver 1 Corintios 12:28), generosidad (ver Romanos 12:8), misericordia (ver Romanos 12:8), servicio (ver Romanos 12:7) y fe (ver 1 Corintios 12:9).

ADMINISTRACIÓN/ORGANIZACIÓN

Pablo habla sobre los que tienen el don de administración en 1 Corintios 12:28, pero también se puede ver en Éxodo 18:13-27. La palabra griega para *administración* en este versículo también se puede traducir como "gobernar". Antiguamente, el que gobernaba un barco estaba bajo las órdenes del capitán. El capitán establecía el curso a tomar y el gobernante seguía la dirección marcada. El papel del gobernante consistía en controlar los detalles específicos para llegar a salvo al puerto: el destino que el capitán había elegido.

La palabra *organización* también se usa para describir este don. Los que tienen el don de la administración les encanta planear y organizar los eventos ministeriales. El Espíritu Santo bendice a la gente con este don para que las ideas sean llevadas a cabo con sentido práctico y no de forma improvisada.

Cuando nuestro grupo celular decidió hacer una acampada, Riza Hassell, un miembro del grupo, se ofreció voluntariamente para organizarla. Se sintió llamada a hacerlo. Sus dones espirituales le instaron a recoger números de teléfono, planear comidas y organizar horarios. Le pedimos flexibilidad de horarios y tiempo libre durante el viaje. (El peligro de este don es que se puede apreciar cuando una persona quiere tener todo rígidamente organizado.)

AYUDA

Esta es la habilidad que da el Espíritu para ofrecer asistencia práctica que anime a los demás a cumplir con sus responsabilidades (ver Éxodo 18:21-22; Números 11:16-17). Los que tienen el don de ayuda alivian la carga de otros creyentes. Epafrodito practicó este don en Filipenses 2:25 cuando atendió las necesidades personales de Pablo.

Para evitar acabar quemados, los impulsores de grupos celulares deben discernir qué miembros del grupo tienen este don del Espíritu Santo. Muchos miembros están diciendo interiormente: *Por favor, elígeme*, pero como los impulsores no quieren sobrecargar a la gente ocupada, la tendencia es no preguntar. Como el don de ayuda es un don inspirado por el Espíritu, el Espíritu Santo movilizará a gente que quiera ayudar, y a que lo haga con la motivación adecuada.

La gente con el don de ayuda hará con mucho gusto llamadas de teléfono, visitará a otras personas, traerá refrescos y por lo general ayudará a aliviar la carga del líder. Creo que Dios ha vertido libremente este don en el ministerio de grupos celulares para que el líder no acabe quemado. Los que tienen el don de ayuda a menudo sirven planificando las actividades de los grupos celulares.

GENEROSIDAD

El don de generosidad es un *charismata* dado por el Espíritu que impulsará a una persona a compartir el dinero generosamente y con alegría (Ver Lucas 3:11; 21:1-4; Juan 12:3-8; Hechos 4:32-37; 20:35; Romanos

12:8; 2 Corintios 8:2-5). La gente con este don suele dar significativamente más de lo normal en el diezmo, lo cual creo que debería ser el punto de partida mínimo de todo creyente. Los que tienen el don de la generosidad no preguntan: "¿Cuánto tengo que dar a Dios?" En su lugar, dan la vuelta a la pregunta diciendo: "¿Cuánto quiere Dios que reserve para mí?" Algunas personas con este don incluso dan más a la obra de Dios de lo que reservan para sí.

Si el impulsor del grupo celular tiene este don, probablemente animará al grupo para que den a los pobres, bendecirá a los necesitados y buscará oportunidades de bendecir a los demás. Los miembros del grupo con este don, tratarán de satisfacer con alegría las necesidades físicas de los componentes del grupo. Como los del grupo celular se conocen tan bien unos a otros, cuando surgen las necesidades, los que tienen el don de la generosidad tratan de satisfacer esas necesidades con júbilo.

MISERICORDIA

La persona con el don de misericordia siente la compasión de Dios por la gente desatendida (los que están socialmente marginados) de forma especial (ver Mateo 25:37-40; Marcos 9:41; Lucas 10:33-37; Hechos 9:36-42; Romanos 12:8; Santiago 1:27; 2:14-17). Los que tienen el don de misericordia no ofrecen simplemente palabras de ánimo; proporcionan ayuda práctica a la gente con problemas mentales, corporales o espirituales. Los que tienen este don a menudo tienen ministerios para discapacitados, ancianos, enfermos mentales y drogadictos.

El impulsor con el don de misericordia animará a la evangelización de los marginados. Pero que el impulsor del grupo se sienta inclinado a ayudar a esas personas no quiere decir que el resto de los miembros sienta lo mismo. Los impulsores con este tipo de don deben trabajar duro para preparar a sus miembros para alcanzar a otros.

La belleza del ministerio del grupo celular es su homogénea flexibilidad. Los grupos llenos de Espíritu pueden tener distintos tamaños y mezclas según los dones del líder y de los miembros. Mike, líder de un grupo celular en Big Bear, California, con el don de la misericordia, dirigía un grupo centrado en los destrozados por el alcoholismo. Parecía bastante natural que los amigos alcohólicos invitaran a sus amigos. Todas estas personas necesitaban ser curadas en grupos celulares antes de ni siquiera poner los pies en el culto del domingo. No obstante, tras varios meses, Mike me contó emocionado que el grupo completo se había presentado en la iglesia un domingo.

SERVICIO

La palabra para el don de servicio es *diakonos*, que significa "ministro" o "siervo" y del cual procede nuestra palabra diácono (ver 10:38-42; 22:24-27; Hechos 6:1-7; Romanos 12:7; 1 Timoteo 3:8-13). En Hechos 6:2-4, los apóstoles pedían a la multitud que escogiera ministros llenos de Espíritu, para que ellos tuvieran más tiempo para buscar al Señor y cuidar del rebaño.

Christian Schwarz, investigador y autor, descubrió que el 81% de las personas que tienen el don de servicio también tienen el don de ayuda, y que estos dos dones son los que aparecen con más frecuencia juntos. ² El Espíritu Santo ha bendecido a la iglesia con abundancia de gente deseosa de servir y ayudar, porque el Espíritu Santo ha ungido a estas personas con el deseo de hacerlo. Ron Nichols, un líder de grupo celular, proporciona un ejemplo personal de cómo funciona el don de servicio en los grupos celulares:

> Cuando mi coche se negó a arrancar a diez bajo cero, Steve y Cathy [una pareja de nuestro grupo Koinonia en la iglesia] me prestaron su coche recién comprado para que yo pudiera ir a trabajar. Cuando mi esposa, Jill, regresó del hospital con nuestras nuevas gemelas, disfrutamos de varias comidas traídas por miembros del mismo grupo. Lloramos juntos cuando uno de los miembros habla de un accidente de coche y de los problemas en el trabajo. Todos sentimos dolor cuando el hijo de una pareja está en el hospital. ³

FE

El don de fe es la habilidad que nos da el Espíritu para reconocer lo que Dios quiere hacer en una situación imposible y después confiar en que Él la llevará a cabo (ver Mateo 8:5-13; 17:20; 21:18-22; Romanos 4:18-21; Corintios 12:9; Santiago 1:5-8). Desde luego, todos hemos recibido fe, pero Dios ha bendecido a ciertas personas con la capacidad de visionar – con confianza – lo que Dios va a hacer en su Iglesia.

Pablo ejemplificó este don de fe en el barco hacia Roma. Todos habían perdido la esperanza y hasta el barco parecía dispuesto a hundirse. No obstante la fe de Pablo se hizo mayor. Surgió de su retiro espiritual y proclamó que se cumpliría la Palabra de Dios y que todo el mundo se salvaría. Dios triunfó como Pablo había asegurado que haría, incluso ante fuertes obstáculos (ver Hechos 27:22-44).

Hay muchos ejemplos de este don en la historia. George Mueller (1805-1898) sintió el llamado de Dios para cuidar de niños huérfanos, pero Dios también le enseñó cómo hacerlo sin pedir dinero. Se estima que Mueller cuidó de diez mil huérfanos solo con fe durante más de 60 años. Una mañana, por ejemplo, sin comida disponible, Mueller oró: "Padre te damos gracias por la comida que vas a darnos". De repente se escuchó que llamaban a la puerta. Era el panadero, que dijo que se había despertado a las dos de la mañana y sintió la necesidad de ofrecer pan. Unos minutos más tarde, llegó el lechero, diciendo que su camión se había averiado y que la leche se estropearía a menos que los huérfanos se la tomaran. Este y otros muchos milagros ocurrieron cuando Mueller confió en Dios. [4] Hudson Taylor, misionero en China, poseía un don similar.

Los líderes de grupos celulares que poseen este don de fe ven posibilidades de crecimiento y bendición cuando otros ya están dispuestos a rendirse. Ven el ámbito invisible cuando todos los demás están llenos de dudas, decepcionados o atrapados en duras circunstancias.

Gehazi vio los ejércitos sirios rodeando a los israelitas, pero Eliseo vio la gran hueste de ángeles que sobrepasaban con mucho las tropas sirias (ver 2 Reyes 6:15-19). Los que tienen el don de fe ven el vaso medio lleno y no medio vacío. Y su vista no mejora con mantras positivos. Más bien, el Espíritu llena sus mentes con una manera de ver la vida mejor y más real.

Algunas veces el Espíritu Santo concede el don de fe a un miembro de un grupo celular para animar a un impulsor de grupo que tiene dudas. Lo bueno es que el Espíritu Santo sabe qué necesita cada grupo y concede sus dones a los grupos celulares para proporcionar equilibrio entre la gente.

LOS DONES DE FORMACIÓN

Los dones de formación ayudan a establecer unos fundamentos serios en los grupos celulares. El Espíritu Santo a menudo se manifiesta a través del don de exhortación (ver Romanos 12:8), sabiduría y conocimiento (ver 1 Corintios 12:8), enseñanza (ver 1 Corintios 12:8), pastor (ver Efesios 4:11), evangelización (ver Efesios 4:11) y liderazgo (ver Romanos 12:8).

EXHORTACIÓN/CONSEJERÍA

La palabra griega para "exhortación" en su forma nominal es *paraclete*, que significa "alguien que es llamado para confortar y aconsejar" (ver Juan 4:1-42; Hechos 14:21-22; Romanos 12:8; 2 Corintios 1:3-7; 1 Tesalonicenses 2:11; 5:14; 1 Timoteo 5:1). Jesús utilizó esta misma palabra en Juan 14:16 cuando Él llamó al Espíritu Santo "otro consolador".

Mucha gente creía que Bernabé poseía el don de exhortación porque no sólo fue capaz de fortalecer a Pablo, sino también de aconsejar a otros para que vieran el potencial de Pablo. La mayoría de los discípulos en aquel momento temían a Saulo, incluso después de su conversión. Antes de su encuentro con Cristo, los había aterrorizado y había disfrutado metiéndolos en la cárcel. No obstante el don de exhortación de Bernabé permitió que los discípulos vieran a Pablo con una luz diferente. Las Escrituras dicen que "Bernabé, tomándolo [a Pablo], lo trajo a los apóstoles" (Hechos 9:27).

Mucha gente identifica el don de exhortación con el de consejería porque incluye la habilidad y sabiduría dada por Dios para ayudar a cambiar a la gente. Un buen consejero es paciente, deseoso de escuchar y capaz de dar consejos sólidos basados en las Escrituras. No obstante los que tienen el don de exhortación también están dispuestos a enfrentarse y desafiar.

El verdadero amor ayuda a la gente a cambiar. *Carefronting* (enfrentar con cuidado) es un término que hace referencia a aquellos que se preocupan y dicen la verdad con amor. Impulsar a la gente a actuar forma parte del papel del consejero. El apóstol Pablo instó a la gente a actuar: "Por tanto, consideré necesario exhortar a los hermanos que fueran primero a vosotros y prepararan primero vuestra generosidad antes prometida" (2 Corintios 9:5).

Cuando los miembros utilizan el don de exhortación en el contexto del grupo celular, ofrecen el consejo ungido por el Espíritu que procede de un corazón preocupado. A menudo continúan utilizando su don de exhortación fuera del grupo celular.

SABIDURÍA

En 1 Corintios 12:8, Pablo escribió: "A uno es dada por el Espíritu palabra de sabiduría; a otro, palabra de conocimiento según el mismo Espíritu" (ver también

1 Reyes 3:5-28; 1 Corintios 12:7; Santiago 3:13-18). Parece que el Espíritu Santo conceda especialmente este don a ciertas personas que son capaces de aplicar la sabiduría de Dios a diversas situaciones. Tales personas por lo general son capaces de ofrecer consejo bendecido por el Espíritu y, más específicamente, la Palabra de Dios en una amplia variedad de situaciones. A los que tienen el don de sabiduría se les puede comparar con los médicos que ofrecen un diagnóstico y después aplican los avances médicos a la enfermedad de una persona.

Cuando alguien expresa un problema o crisis durante una reunión del grupo celular, es bueno escuchar con atención y después permitir que los demás respondan. El Espíritu Santo a menudo moviliza a alguien que tiene el don de sabiduría para que ofrezca la respuesta adecuada. Pero incluso si ninguno de los presentes tiene ese don, sigo recomendando que el líder del grupo celular se detenga un momento y diga: "Oremos y pidamos sabiduría. Reclamemos la promesa que se nos ofrece en Santiago 1:5: 'Si alguno de vosotros tiene falta de sabiduría, pídala a Dios, el cual da a todos abundantemente y sin reproche, y le será dada'". Tras la oración, confidencialmente pregunte al resto del grupo lo que el Espíritu Santo les ha mostrado. A menudo alguien que ha recibido el mensaje de sabiduría hablará y ofrecerá una respuesta de Dios a la situación.

Mucha gente equipara la palabra de sabiduría con la palabra de conocimiento. Esto es, creen que es un don momentáneo, sobrenatural que Dios concede a la gente. Describo este fenómeno en mi discusión sobre el don de profecía en el capítulo siguiente.

CONOCIMIENTO

El don de conocimiento es probablemente el más difícil de definir (ver Romanos 15:14; 1 Corintios 8:1-2;12:8; 13:2, 8-10; 2 Corintios 12:7; Efesios 3:14-19). Mucha de la confusión procede del hecho de que Pablo no describa este don de forma más detallada. Mucha gente cree que el don de conocimiento, como Pablo lo describe en 1 Corintios 12:8, es una idea, imagen o visión momentánea que después una persona explica. Desde luego animo tales manifestaciones, pero clasificaría estas expresiones de conocimiento o de visiones como un aspecto del don de profecía. Consideraría que una persona está profetizando cuando, en el grupo, dice: "Recibo la impresión del Señor de que..." También consideraría que una persona está actuando con el don de profecía si dice: "El Señor me está mostrando que a alguien se le está curando el hombro izquierdo". Algunas personas denominan a esto palabra de conocimiento; una vez más, yo lo clasificaría como un subconjunto de la profecía.

En 1 Corintios 14, Pablo describió el don de profecía de forma detallada, incluso diciendo a los creyentes que desearan este don. La persona que profetiza habla a los hombres para su edificación, exhortación y consolación (ver 14:3). La mayoría del tiempo, eso es exactamente lo que la gente hace cuando hablan palabra de conocimiento. Me he dado cuenta, sin embargo, que a algunas personas Dios les ha dado la habilidad de investigar. Creo que *don* de conocimiento describe mejor la dotación del Espíritu que Dios concede a ciertas personas para recoger y analizar conocimiento de distintas fuentes y después aplicar ese conocimiento mediante la escritura, la enseñanza o la predicación. En mi opinión, este es el don de conocimiento al cual se está refiriendo Pablo.

Es estupendo cuando un grupo celular tiene miembros con el don de conocimiento que pueden servir como fuente para aclarar dudas o responder preguntas. Se produce una gran confusión, sin embargo, cuando alguien con el don de conocimiento también tiene el don de la facilidad de palabra. Los que tienen el don de conocimiento deben orar para aprender a escuchar a otros de forma proactiva.

ENSEÑANZA

El Espíritu Santo concede el don de enseñanza a los creyentes para que puedan clarificar la Palabra de Dios a la gente (ver Hechos 18:24-28; Romanos 12:7; 1 Corintios 12:28-29; Efesios 4: 11-14; Santiago 3:1). Los que tienen el don de enseñanza tienen la habilidad de aclarar y simplificar que se confirma porque la gente realmente aprende de ellos. Los que tienen el don de enseñanza se centran en las preguntas de sus oyentes, en lugar de explicar una teoría tras otra que sólo tienen relevancia para el maestro y no para los que escuchan. Este don se menciona el tercero en el orden bíblico (ver 1 Corintios 12:28) y se encuentra en los tres pasajes (ver Romanos 12:7; Efesios 4:11). El don de exhortación impulsa a una persona a hacer su trabajo, pero los que tienen el don de enseñanza le dicen a la gente cómo hacerlo.

Un maestro ejercitando su don en una clase aclara un tema en particular mediante una mezcla de discurso y dinámica de grupo, con el objetivo de impartir conocimientos al estudiante. Esta forma de enseñanza es importante y la mayoría de las iglesias de células de todo el mundo utilizan muchos maestros dotados para entrenar en los grupos celulares.

Si un impulsor de grupo celular tiene el don de enseñanza, tendrá una habilidad especial para preparar excelentes preguntas que movilicen a los miembros a aprender lo que el texto bíblico realmente quiere decir. Un líder de grupo celular llamado Alfred poseía sin duda el don de enseñanza. Alfred preparaba fervientemente preguntas todas las semanas para su grupo del jueves por la noche. Cuando conocí a Alfred, yo no entendía demasiado sobre el ministerio de grupos celulares y esperaba un estudio bíblico completo con exégesis, opiniones de varios comentaristas y ejemplos. No obstante Alfred habló muy poco aquella noche, en su lugar extrajo habilidosamente la información de nosotros. Aunque él mismo había examinado a fondo el pasaje de la Biblia, nos hizo desenterrar los tesoros a nosotros mismos. Nos lanzaba preguntas que nos obligaban a ahondar cada vez más en el texto. Dejé aquella reunión con una apreciación nueva de la poderosa dinámica de aprendizaje de la participación activa en el estudio de la Palabra de Dios. También descubrí que la preparación diligente de la lección y la participación abierta no se excluyen mutuamente. Alfred capacitó a nuestro grupo para que descubriéramos la Palabra de Dios por nosotros mismos.

El impulsor del grupo celular que tiene el don de enseñanza debe asegurarse de hablar sólo el treinta por ciento del tiempo y permitir que el grupo participe el setenta por ciento restante. El grave peligro de esta situación es que el impulsor acabe haciendo de la reunión una conferencia.

Los miembros del grupo celular con el don de enseñanza tendrán la habilidad especial de clarificar la Palabra de Dios de forma clara y comprensible. Los miembros del grupo celular con el don de enseñanza deben trabajar duro para escuchar a los demás y no dominar. Deben aprender que el silencio en un grupo celular no es una invitación para lanzarse a dar una conferencia. La mayor parte del tiempo, los miembros del grupo con el don de enseñanza comentarán perspectivas personales sobre las Escrituras cuando sean aplicables al tema en cuestión.

LIDERAZGO

Los que tienen el don del liderazgo a menudo tienen un seguidor (ver Éxodo 18:13-27; Romanos 12:8; 1 Tesalonicenses 5:12-13; 1 Timoteo 3:1-7; 5:17-25). La gente sigue a los auténticos líderes no porque se sientan coaccionados o presionados, sino porque quieren hacerlo. Los buenos líderes influyen e inspiran a la gente a esperar grandes cosas de Dios e intentar grandes cosas por Dios. La persona que tiene el don de liderazgo no tiene por qué tener un oficio en particular (como pastor, anciano o apóstol). Los demás respetarán el don de liderazgo esté la persona a cargo oficialmente o no. En Romanos 12:8, Pablo añadió que los que tienen el don de liderazgo deben dirigir con diligencia. La palabra griega para "diligencia" en este versículo es *spoude* que significa "apresurarse en la realización de un asunto". Es justo lo contrario a indolencia. Todo el que está utilizando un don debe hacerlo con diligencia.

No es necesario tener el don de liderazgo para impulsar un grupo celular. Los mejores líderes de grupos celulares dependen de Dios y reúnen los dones de todos los del grupo. Sin embargo, no viene mal que un impulsor de grupo tenga ese don. Los impulsores que tengan este don ofrecerán una dirección definida al grupo con respecto a la evangelización y a la multiplicación. Los impulsores que no tienen este don deberían animar a los miembros del grupo que lo tengan a participar: dirigiendo la alabanza, enseñando la lección, dirigiendo la evangelización o incluso encabezando el equipo de liderazgo cuando el grupo esté dispuesto a multiplicarse.

PASTOR

Este don es la habilidad dada por el Espíritu para preocuparse y cuidar de un grupo de creyentes (ver Juan 10:1-15; Hechos 20:28-31 Efesios 4:11; 1 Tesalonicenses 5:12-13; 1 Timoteo 4:11-16; Hebreos 13:7, 17, 20-21; 1 Pedro 5:1-5). También implica proteger del error a ese grupo de creyentes. Pablo exhortó a los pastores de Efeso: "Mirad por vosotros y por todo el rebaño en que el Espíritu Santo os ha puesto por obispos para apacentar la iglesia del Señor, la cual él ganó por su propia sangre" (Hechos 20:28). Es importante distinguir también entre los papeles de pastor y anciano – que se utilizan de forma intercambiable – con el don de pastor. Los que tienen el don de pastor puede que trabajen en una compañía informática, mientras que el pastor oficial a tiempo completo puede que en realidad no tenga el don de pastor. En otras palabras, no es necesario tener el don de pastor para ser un pastor eficaz.

Dios ha bendecido tanto a hombres como a mujeres con el don de pastor. El grupo celular es un buen lugar para utilizar este don debido a la implicación práctica y personal que a menudo requiere el grupo. Si el impulsor tiene el don de pastor, dará mucha importancia al cuidado pastoral, las visitas y el ministerio personal. Sin embargo, el peligro está en no resaltar suficientemente otras áreas como la evangelización, ayuda al necesitado y desarrollo del liderazgo que traen como resultado la multiplicación.

Los impulsores de grupos celulares deberían mantenerse alerta para descubrir qué miembros tienen el don de pastor. Los que tienen ese don pueden asesorar a nuevos creyentes, visitar enfermos y reunirse individualmente con los miembros del grupo que están sufriendo. Los grupos celulares a menudo son el trampolín para las relaciones personales que se producen normalmente después de que finaliza la reunión. Un grave error de los líderes de grupos celulares es asumir que ellos son los que deben entablar todas las relaciones. Esa manera de pensar es un camino seguro para acabar quemado. Los que tienen el don de pastor pueden ayudar muchísimo en la edificación del grupo celular.

APÓSTOL

Este don de ningún modo está limitado a los doce apóstoles originales, porque el Nuevo Testamento reconoce más apóstoles además de esos doce. Este don normalmente se le ha aplicado a los fundadores de iglesias como el apóstol Pablo, que fue el primero en llevar el evangelio a nuevos territorios (ver Mateo 10:2-15; Juan 13:12-17; Hechos 8:14-25; 14:14-15; 15:1-6; Romanos 16:7; 1 Corintios 12:28-29; 2 Corintios 12:12; Gálatas 1:1; Efesios 4:11). Creo que el Espíritu Santo manifiesta este don en la gente que es reconocida como líderes espirituales por diversas iglesias, y cuya autoridad se extiende más allá de la iglesia local. En griego, la palabra *apóstol* era un término náutico que hacía referencia al almirante de una flota de barcos, que bajo las órdenes de un dirigente iniciaba una colonia. Estos apóstoles escogidos tenían gran autoridad y viajaban mucho a tierras extanjeras. En el Nuevo Testamento, los apóstoles estaban comisionados para iniciar iglesias. [5]

Alguien con el don de apóstol podría liderar un grupo celular para estar en contacto con los miembros. Recomiendo esto. Demasiado a menudo, un apóstol no puede relacionarse con los creyentes normales y corrientes que tienen problemas de la vida real; el ministerio de un apóstol mejoraría liderando un grupo celular o asistiendo a uno con regularidad. Si el apóstol es miembro de un grupo celular, no debe dominar, sino por el contrario ser transparente en cuanto a sus debilidades, como todo el mundo. Los que tienen el don de apóstol deben ser responsables ante otros creyentes y los grupos celulares son los mejores lugares para asegurarse de que eso suceda.

EVANGELIZACIÓN

Los que tienen el don de evangelización son capaces tanto de comunicar el evangelio a los no creyentes como de conducirles hacia Jesús (ver Hechos 8:5-6; 8:26-40; 14:13-21; Romanos 10:14-15; Efesios 4:11). Peter Wagner y David Cho han insistido durante años en que aproximadamente el diez por ciento de los creyentes tienen este don, y nuevas investigaciones confirman este hecho. [6]

Efesios 4:11 habla sobre el papel del evangelista, y asume que un evangelista tiene el don de evangelización.

Si el impulsor del grupo celular tiene el don de evangelización, el grupo crecerá rápidamente mediante la conversión. Es esencial que los que tengan el don de pastor y enseñanza reúnan sus dones para discipular a nuevos creyentes. El impulsor debe establecer rápidamente una fecha para la multiplicación, porque cuando un grupo celular crece por encima de quince adultos, pierde su intimidad, y la gente deja de venir. Los miembros con el don de evangelización son un regalo del cielo para los grupos celulares. Sin embargo, es importante que exista armonía filosófica entre el impulsor y el evangelista, y que ambos trabajen juntos para extender el Reino de Cristo.

8

DONES DE ALABANZA

Recuerdo cuando Harold Weitz nos pidió a Celyce y a mí que nos pusiésemos delante de mil participantes en una conferencia de una iglesia de células celebrada en Sudáfrica en 1999. Sabíamos que el pastor Harold era famoso por sus dones proféticos, pero no esperábamos recibir una profecía ante otras mil personas. ¡Su profecía sobre nosotros duro casi cinco minutos! Parte de lo que dijo fue:

> Hoy sabréis que este es el momento, dice Dios, en el que avanzaréis y una nueva responsabilidad caerá sobre vosotros esta noche; esta es vuestra experiencia de la zarza ardiendo que tanto habéis esperado; esta es la experiencia, dice el Señor, porque desde esta noche en adelante, no os dejaré descansar, y os moveréis sin descanso y sin cansancio. Como

mi siervo Pablo, dice el Señor, el mismo tipo de unción tendrá vuestra vida.

Inmediatamente después de que él profetizara sobre nosotros, yo prediqué tal como había hecho las tres noches anteriores. Pero algo fue diferente aquella vez. Vi a Jesús de una forma nueva. Sentí su control y su poder. Ya no era Joel Comiskey de pie predicando después de practicar sin descanso durante horas. Mis cargas se aligeraron. Jesús se hizo tan real esa noche que sentí que casi podía tocarlo; igual de real que lo había sido la primera vez que tocó y curó mi vida allá por 1973. Mis palabras fluyeron sin esfuerzo. Ya no estaba intentando impresionar al grupo; Jesús fluyó a través de mí. Era su obra, no la mía.

Compré la cinta y anoté cada palabra de la profecía de Harold. Todavía la leo de nuevo cuando necesito aliento. Y este es el propósito de la profecía: ánimo, gozo y fortaleza. El Espíritu Santo utiliza la profecía para edificar su Iglesia, no para destruirla.

En este capítulo, me ocuparé de la alabanza y la oración. Estos dones incluyen los de profecía (ver 1 Corintios 12:10), lenguas (ver 1 Corintios 12:10), interpretación de lenguas (1 Corintios 12:10, sanidad (ver 1 Corintios 12:9), milagros (1 Corintios 12:10) y discernimiento de espíritus (1 Corintios 12:10).

PROFECÍA

El don de profecía es el don dado por Dios para recibir un mensaje de Dios y después decírselo a su Iglesia (ver Deuteronomio 13:1-5;18:18-22; 1 Samuel 3:1-21;

Mateo 7:15-20; 24:11, 23-24; Hechos 15:32; 1 Corintios 12:28-29; 14:3, 22-40; 2 Pedro 1:19-21; 1 Juan 4:1-6; Apocalipsis 1:1-3). Este es un don importante para el ministerio de grupos celulares, porque el Espíritu Santo lo usa para manifestar su presencia, asegurándole a la gente que está vivo y hablando directamente con ellos.

Algunas personas creen que el don de profecía solo hace referencia a revelaciones del futuro. Esto no es verdad. Muchas más profecías tienen que ver con realidades presentes que con visiones futuras. La palabra griega para *profecía* simplemente significa "hablar por adelantado". Los que hablan por adelantado han recibido un mensaje personal de Dios que es aplicable a una situación en concreto. El Espíritu de Dios después se hace cargo del mensaje y lo dirige hacia una parte más amplia del Cuerpo.

El don nunca contradice la Palabra inerrante de Dios, aunque aporta nueva información que es transmitida desde Dios a los seres humanos. Desafortunadamente, como los que están comunicando el mensaje de Dios siguen siendo seres humanos pecadores, a veces el mensaje de Dios se distorsiona, entonces es cuando se necesita el discernimiento. Las Escrituras nos cuentan que siempre deberíamos probar las profecías para asegurarnos de que están en consonancia con las Escrituras (ver 1 Corintios 14:29-33).

La profecía y la predicación no son lo mismo. Una cosa es depender del Espíritu cuando estás predicando y otra dejar que el Espíritu se apropie de ti mientras estás predicando y que te diga palabras nuevas. La profecía no requiere preparación, pero una buena predicación requiere mucha práctica.

PROFECÍA INSPIRACIONAL

El objetivo de la profecía inspiracional es inspirar al pueblo de Dios y fomentar su fe, y este tipo de profecía no suele contener revelación de ningún tipo. La forma más simple de profecía podría ser parecida a la proclamación de María: "Engrandece mi alma al Señor" (Lucas 1:46), o una de las plegarias del rey David que luego se convirtió en salmo. Parece que Pablo tenía la profecía inspiracional en mente cuando escribió: "Pero el que profetiza habla a los hombres para edificación, exhortación y consolación (1 Corintios 14:3).

Este tipo de profecía está al alcance de muchos creyentes y debería ser alentada en los grupos celulares. Pablo, de hecho, dijo que los creyentes deberían desear los dones espirituales, especialmente el de profecía (1 Corintios 14:3). Es un gran privilegio ser el recipiente del Espíritu Santo para otros creyentes. Como el Nuevo Testamento fue escrito por creyentes que se reunían en iglesias caseras, el lugar natural para la profecía es el grupo celular. Ya sea después o durante, la alabanza es un gran momento para que el líder del grupo celular se detenga y pregunte si Dios está convenciendo a alguno de los miembros para decir un mensaje que edifique al resto del grupo.

Kirk, un líder de multiplicación de mi propio grupo celular, profetiza regularmente, y también anima a otras personas a expresar sus impresiones. En más de una ocasión ha dicho: "Cuando pronuncio una profecía, me gusta empezar diciendo: 'Creo que el Espíritu Santo me está diciendo...' o 'Creo que esto es lo que está diciendo'". Kirk se da cuenta de que los seres humanos comenten errores, y que él no es una excepción. Kirk cree que toda profecía debe tener como meta edificar el Cuerpo.

Los grupos celulares son un gran lugar para escuchar la voz de Dios y experimentar su poder de una forma nueva y dinámica. En el ambiente amoroso de un grupo casero, especialmente si los dones están funcionando y el Espíritu Santo está obrando, la gente crece en el ministerio y en el servicio a los demás.

LOS NO CREYENTES Y LA PALABRA PROFÉTICA

La profecía inspiracional no sólo es aplicable a los creyentes, también es aplicable a los no creyentes. El Espíritu Santo capacita a su Iglesia con dones como el de profecía para llegar a los no creyentes, y a la vez edificar a los cristianos.

Cuando el Espíritu Santo habla a través del cuerpo de Cristo, los no creyentes se sienten atraídos a la realidad de un Dios que está vivo y que habla hoy. Mucha de la vida tradicional de la iglesia está basada en las cosas maravillosas que Dios hizo en el pasado, pero la gente ansía experimentar Su vida y poder hoy en día.

El término *evangelismo de poder* a menudo se utiliza para describir que se alcanza a los no creyentes a través de la demostración de la realidad de Dios *hoy*, como lo que ocurrió en el libro de los Hechos. Pablo el apóstol escribió: "Pues nuestro evangelio no llegó a vosotros en palabras solamente, sino también en poder, en el Espíritu Santo y en plena certidumbre" (1 Tesalonicenses 1:5). Este método de testimonio también ha sido llamado *evangelismo de alabanza.* [1] Realmente, la atracción más poderosa que podemos ofrecer a los no creyentes es Dios mismo. Cuando un no creyente entra en un grupo que está actuando al completo con los dones del Espíritu y exaltando a Cristo, esa persona se convence de que Dios es real, vivo y está deseoso de hablarle personalmente, hoy.

La profecía juega un papel clave a la hora de ministrar a no creyentes en un grupo celular. Primera de Corintios 14:24-25 dice lo siguiente:

"Pero si todos profetizan, y entra algún incrédulo o indocto, por todos es convencido, por todos es juzgado; lo oculto de su corazón se hace manifiesto; y así, postrándose sobre el rostro, adorará a Dios, declarando que verdaderamente Dios está entre vosotros".

Un examen cuidadoso del contexto de estos versículos revela que Pablo estaba escribiendo a una iglesia casera, ya que literalmente *todos* los presentes son capaces de profetizar. Si todos fueran a profetizar tendría que haber un grupo lo suficientemente pequeño como para permitir que todos hablasen. La palabra *profecía* en este pasaje hace referencia a "decir la verdad". [2] Pablo estaba diciendo que *todos* podrían decir palabras de edificación y ánimo cuando el Espíritu Santo les dirigiera. [3]

Cuando una persona en un grupo celular presenta un problema hay de repente una razón para ministrar. Los dones espirituales se ejercitan cuando hay necesidad. Cuando no hay necesidad, la gente no siente la urgencia de utilizar sus dones y ministrar a los demás. Pero cuando surge una necesidad, de repente todos quieren implicarse, y esto es emocionante. Cuando cada persona empieza a ministrar y a amar a los que tiene alrededor, hay una nueva sensación de poder y unción.

Muchos líderes de grupos celulares parecen pensar que la presencia de no cristianos entorpece el flujo de una comunidad, pero según mi experiencia, ocurre justo lo contrario. Cuando los no cristianos entran en una habitación, hay un nuevo flujo, un nuevo empeño, un nuevo deseo de compartir. Tener a Dios cerca es muy importante en el ministerio de grupos celulares. El Espíritu es el que da el poder sobrenatural y la gracia necesaria para penetrar en un mundo perdido para Jesús. Todos los dones del Espíritu son la herencia de todo el cuerpo de Cristo.

Dos visitantes vinieron a nuestro grupo una noche. Sabíamos que uno de ellos era un no creyente, y no estábamos seguros de la relación que la otra persona tenía con Cristo. Incluso con los visitantes en el grupo, continuamos el orden normal de la reunión, sabiendo que la mejor forma de evangelismo era la presencia del Espíritu Santo. Al final, uno de los miembros del grupo preguntó si podía compartir una impresión con los que estaban presentes. Se volvió hacia la madre soltera que había venido por primera vez y dijo: "¿Podría comentarte algo?" y después continuó diciendo que Jesús la amaba y no veía ninguna vergüenza en su vida.

Mis ojos se llenaron de lágrimas porque sus palabras eran totalmente acertadas. Lo que esa persona que profetizó no sabía era que esta mujer había sentido mucha vergüenza, por no haberse casado con el padre de su hijo. No se sentía aceptada en muchos círculos, pero de repente escuchar a Dios hablarle a ella de esa manera la emocionó profundamente. Dios se presentó en el grupo celular, y ella se fue cambiada y emocionada con Dios de nuevo.

Nuestras dos visitantes se sintieron conmovidas en la reunión del grupo aquel día. La otra visitante comentó sus necesidades a uno de los miembros del grupo mientras tomaban un refrigerio. Estaba a punto de irse a vivir a San Francisco y tenía miedo de lo que eso podía conllevar. El miembro de nuestro grupo no quería que la mujer se fuese sin sentir a Cristo en su corazón. La no creyente dijo que quería orar para recibir a Cristo, y varias personas se reunieron a su alrededor para orar.

PROFECÍA REVELADORA

Los que profetizaban en la Biblia escuchaban la voz de Dios de distintas maneras: mediante visiones, sueños, voces audibles y trances de éxtasis. [4] A veces, Dios revelaba un suceso futuro, un pecado oculto o una nueva dirección mediante estas profecías. La profecía reveladora es una variedad excitante del don de profecía que implica una revelación, dar a conocer una información de algún tipo.

Creo que lo que muchos autores denominan *palabra de conocimiento* o *palabra de sabiduría* es en realidad una forma de profecía reveladora, por dos razones. Primera, ciertos miembros del cuerpo de Cristo evidentemente han sido ungidos por Dios para investigar y bendecir a la Iglesia con lo que han aprendido cuando escriben, enseñan y predican. Este don del Espíritu Santo parece encajar mejor en el *don de conocimiento* que Pablo señaló en 1 Corintios 12:8.

Segundo, lo que la mayoría de la gente llama don de conocimiento o don de sabiduría tiene la misma función, o propósito, que el don de la profecía reveladora. Esto es, alguien recibe una impresión, un conocimiento o sabiduría especial o quizá un sueño de Dios y luego se lo comunica a alguien. En la profecía reveladora, el profeta recibe una impresión, una palabra, un sueño o una visión, pero el punto de conexión siempre es la revelación inspirada por el Espíritu Santo. Estoy de acuerdo con Peter Wagner cuando dice: "A los autores les resulta muy difícil distinguir entre el don de conocimiento, el don de sabiduría y el don de profecía. Los tres parecen ser casi sinónimos en su escritura". [5] Por tanto, bajo la amplia categoría de profecía reveladora, incluyo palabras de conocimiento, palabras de sabiduría, imágenes y visiones.

Hay algunas personas que son excelentes en profecía reveladora: Pat Robertson y Kathryn Kuhlman, por decir dos. Pat Robertson utiliza este don con regularidad. Por ejemplo, una vez una mujer en California estaba viendo *The 700 Club* (El club de los 700) mientras sentía un gran dolor en un tobillo que llevaba completamente escayolado. Durante la emisión, Robertson comentó que una mujer escayolada estaba viendo el programa, y que se había roto el tobillo, pero que Dios la estaba curando. En un arranque de fe en su espíritu, esta mujer inmediatamente supo que aquellas palabras habían sido dichas para ella. Robertson dijo: "Ella se levanto de la silla; se quitó la escayola y con mayor confianza cada vez empezó a apoyar el peso sobre el tobillo escayolado y después a saltar sobre él. El tobillo se había curado". [6]

A veces, el Espíritu Santo escoge bendecir a la gente revelándole información que no está a disposición de un mensajero de forma natural. Tal conocimiento no tiene la intención de ser considerado una gratificación, sino una edificación. Hay veces que tal perspectiva no procede de una declaración directa sino de una visión o de imágenes que proporcionan una iluminación inmediata. El Espíritu Santo puede que revele un hecho concerniente a una situación sobre la cual el mensajero no tiene conocimiento previo. Un ejemplo de esto es cuando Dios revela detalles exactos de la vida de una persona para sacar a la luz un pecado, para advertir, para proporcionar seguridad, para revelar pensamientos, para curar o para instruir. La palabra de conocimiento es una perspectiva o una forma especial de entender a Dios o su voluntad respecto a la Iglesia y su ministerio hacia un creyente. Esta profecía reveladora no es "conocimiento" en el sentido de conseguir datos, sino una forma no "natural" o "terrenal" de captar cierta información.

En nuestro grupo una noche estábamos hablando de la comunión bíblica y de la necesidad de ser transparentes ante Dios y ante los demás. Al final durante la oración Justin empezó a profetizar:

> Vi unas escaleras con una luz al final. Había dos personas subiendo la escalera, y una de ellas tenía una linterna en la mano. Estaba guiando a la otra para que subiera hasta arriba. Creo que Dios nos mostrará esta noche lo que esto significa.

Justin nos comentó después que sentía que Dios iba a tocar a alguien del grupo de una manera especial esa noche.

El líder de grupo celular eficaz se relaja en la Palabra de Dios antes de comenzar la reunión, para estar abierto a cualquier cosa que Dios quiera que haga a través del grupo. En tal ambiente, Dios aparecerá a menudo con sus planes para el grupo, unos planes llenos de gracia y misericordia.

Como la profecía es un informe humano de una revelación divina, el aspecto "humano" de la profecía reveladora no siempre es adecuado. La profecía siempre está basada en una revelación espontánea que incluye cuatro factores. Primero, es una revelación procedente de Dios. Segundo, es necesario entender la revelación. Tercero, el profeta debe interpretar lo que significa la revelación. Y cuatro, el mensaje debe ser aplicado correctamente.

Solo el primer factor procede siempre al cien por cien de Dios. El segundo, tercero y cuarto requieren la acción e interpretación del profeta, que es humano y puede cometer errores. Por esta razón, Pablo pidió a la iglesia que probara la profecía diciendo: "Asimismo, los profetas hablen dos o tres, y los demás juzguen lo que ellos dicen" (1 Corintios 14:29). Cualquier profeta que se resista a tal prueba debe ser ignorado.

Los profetas en los tiempos de Pablo cometían errores ocasionalmente. En Hechos 21, un profeta llamado Agabo se acercó a Pablo y a sus acompañantes. Agabo tomó el cinto de Pablo, se ató las manos y los pies y dijo: "Así atarán los judíos en Jerusalén al hombre de quien es este cinto, y lo entregarán en manos de los gentiles" (versículo 11). Parece que Agabo y los que le acompañaban trataron de persuadir a Pablo de no ir a Jerusalén, incluso aunque Pablo sabía que Dios quería que fuese allí. Pablo se resistió a sus propuestas diciendo: "¿Qué hacéis llorando y quebrantándome el corazón?, pues yo estoy dispuesto no solo a ser atado, sino también a morir en Jerusalén por el nombre del Señor Jesús" (versículo 13). La profecía de Agabo era correcta, pero la aplicación no.

Cierta dosis de humildad debe acompañar a la palabra profética. A veces los creyentes se olvidan de que el Espíritu Santo quiere edificar y no derribar. Más de una manifestación profética, ha echado para atrás a la gente, haciéndola sentir temerosa u obligada a tomar una decisión inmediata. John Bevere, un ministro pentecostal, advierte en su libro Thus Saith the Lord? *(¿Así dice el Señor?)* que prueben cada palabra profética y se aseguren de que está en consonancia con la inerrante Palabra de Dios. Bevere se dio cuenta de que las manifestaciones proféticas que no se contrastan con las Escrituras pueden destruir más que construir (por ejemplo, profecías que empujan a una persona a cambiar de trabajo o a casarse, etc.). Pueden traer como resultado desaliento e incluso desesperación más tarde, cuando la persona descubre que en realidad Dios no habló. [7]

Debido a la posibilidad de error, mucha de la Iglesia hoy en día ha escogido ignorar la palabra profética. No obstante Pablo dijo claramente: "No apaguéis al Espíritu. No menospreciéis las profecías. Examinadlo todo y retened lo bueno" (1 Tesalonicenses 5:19-20). El Espíritu Santo quiere hablar a su Iglesia a través de la palabra profética. Los que tienen el don de profecía deberían ser animados a practicar ese don, y el grupo celular es un estupendo lugar para empezar a hacerlo.

LENGUAS

El don de lenguas es el Espíritu Santo habilitando a un creyente para recibir y expresar una manifestación divina en una lengua desconocida para él o ella (ver Marcos 16:17; Hechos 2:1-13; 10:44-48; 19:1-7; Romanos 8:26-27; 1 Corintios 12:10, 28-30; 14:4-6, 26-28). El don de hablar en lenguas se demuestra de dos formas diferentes: en oración personal y en declaraciones públicas. Cuando se utiliza el don de lenguas en público, siempre debería haber un intérprete (ver 1 Corintios 14:27-28). El principal valor de las lenguas es que es una forma de oración inspirada por el Espíritu Santo (ver 1 Corintios 14:2), y la persona dotada que habla en lenguas en privado se edifica a sí mismo (ver 1 Corintios 14:4).

El don de lenguas ha sido una bendición en mi propia vida de oración. A menudo cuando estoy atravesando un problema difícil que no puedo expresar verbalmente orando, hablo en lenguas. Aunque no entiendo el idioma, me doy cuenta de que el Espíritu Santo está hablando a través de mí y que mi oración va directamente al trono de Dios. Aunque yo disfruto del don de lenguas, no me considero "más espiritual" que otros cristianos por tenerlo, y rara vez hablo de este don. Uno de mis libros favoritos sobre dones del Espíritu se titula *Gift River: The Holy Spirit for Today*, escrito por Graig Keener, un profesor bautista del sur del Eastern Seminary, Keener escribe:

> Se puede hablar en lenguas hoy y evitar la controversia. En los círculos en los que yo me muevo, la mayoría de los creyentes – incluyendo los que hablamos en lenguas – tratan las lenguas simplemente como un don entre muchos recursos útiles para orar...el don de lenguas surge rara vez en mi trabajo como experto bíblico (aparece claramente sólo en seis capítulos en la Biblia). [8]

Si el impulsor del grupo celular tiene el don de lenguas, recomiendo que ore en lenguas antes de iniciar la reunión para recibir poder renovado. Como he mencionado previamente, los líderes de grupos celulares eficaces se relajan en presencia de Dios y se permiten recibir su plenitud. Lenguas es otro don que el Espíritu Santo da a los creyentes para prepararles para consagrarse a un ministerio. En los grupos celulares, si alguien habla en lenguas debería ser interpretado por la persona que habla o por alguien del grupo, si no la edificación auténtica no se produce.

INTERPRETACIÓN DE LENGUAS

El don de interpretación de lenguas es la habilidad especial que Dios concede a ciertos creyentes para tomar un mensaje comunicado en lenguas y darlo a conocer en una lengua que sea entendida comúnmente (ver 1 Corintios 12:10; 12:27-31; 14:1-5, 12-19, 26-28). A menudo los que interpretan reciben también el don de lenguas o el de profecía. Bastante a menudo, la persona que habla en lenguas es el que interpreta su propia lengua. Sin embargo, lo que es más importante es que alguien interprete el don de lenguas en una reunión pública. Pablo dejó claro que el mensaje público en lenguas carece de importancia sin una interpretación (ver 1 Corintios 14:27-28). En el mismo pasaje, Pablo clarificó el don de interpretación y el de profecía, y parecen tener características similares.

Algunos han señalado que, al contrario que la profecía, la interpretación siempre va dirigida a Dios, porque la Biblia dice que el que habla en una lengua desconocida habla directamente con Dios (ver 1 Corintios 14:2). No considero que esto sea siempre verdad; he oído interpretaciones en ambos formatos.

En el grupo celular, el impulsor debería enseñar a los que tienen el don de lenguas que el uso público del don de lenguas siempre requiere una interpretación. El impulsor puede que incluso quiera explicar que todo el que desee dar un mensaje en lenguas, debe orar pidiendo su interpretación o no hablar, pero si el impulsor tiene ese don de interpretación, debería estar dispuesto a ofrecer una interpretación.

Los errores y equivocaciones ocurren en el ministerio de grupos celulares, como en cualquier otro aspecto de la vida. No obstante, sin la libertad de experimentar, existe el peligro de apagar el fuego del Espíritu. Aunque todas las prácticas de dones espirituales deben estar guiadas por la Palabra inerrante de Dios, recordemos que *deberían* ser practicados.

SANIDAD

Dios quiere que todos oremos por los enfermos, pero el Espíritu Santo ha bendecido a ciertos miembros del cuerpo de Cristo para que oren para sanar y vean resultados (ver Marcos 2:1-12; 8:22-26; 16: 17-18; Juan 9:1-12; 14:12-14; Hechos 3:1-8; 14:8-15; 28:8-9; 1 Corintios 12:9, 28-30; Santiago 5:14-15). Dios es el único que puede sanar, pero a menudo escoge hacerlo a través de recipientes humanos. Pablo usa el término dones de sanidad refiriéndose a la curación en los ámbitos emocional y espiritual además del físico.

La CNN recientemente emitió un documental sobre la creciente popularidad del vudú en los Estados Unidos. Las reuniones para hacer vudú y las lecturas sobre el tema están aumentando en Norteamérica. El programa resaltaba la búsqueda de curación de una mujer caucásica que tenía cáncer. Tras superar muchas inhibiciones personales, empezó a asistir a sesiones de vudú para librarse de la enfermedad. La CNN no sólo explicó la experiencia, sino que también dio testimonio de la "curación sobrenatural" que tuvo lugar mediante el vudú. El documental ayudó a generar entusiasmo por el creciente fenómeno, pero el vudú es sólo una de las muchas sectas que han empezado a promocionar la curación entre las masas de América. La filosofía de la Nueva Era, las religiones orientales y distintas formas de brujería ofrecen remedios de curación similares.

Jesús, el Dios-hombre, necesita ser descubierto hoy en día en los buscadores de poder precristianos. Vino a esta tierra portando un mensaje claro del poder curativo de Dios y de la buena nueva de la salvación. El soberano todopoderoso del universo quiere extender su mano sanadora hoy en día.

El grupo celular es el lugar perfecto para orar por aquellos que están sufriendo física, emocional y espiritualmente. El grupo es lo suficientemente pequeño como para comentar las necesidades sin sentirse intimidados, y como todos los seres humanos acaban padeciendo alguna enfermedad física o emocional, llegará un momento en que necesiten oración. Si el Espíritu Santo ha dado al impulsor o a otro miembro del grupo el don de sanidad, permítele que ore por la persona enferma. Jesús recibirá gloria cuando la persona reciba curación. Incluso aunque el Espíritu Santo conceda este don a alguien del grupo porque la situación lo demande, grandes cosas sucederán, y una vez más Dios recibirá la gloria.

El 9 de diciembre de 2002, John sufrió un derrame cerebral que le dejó la cara deformada y el lado derecho de la boca completamente torcido. Cuando los miembros de su grupo celular se enteraron de lo que había sucedido, inmediatamente le visitaron en el hospital y oraron fervientemente para que Dios le curara. Mientras oraban, la boca de John se curó instantáneamente, justo delante de ellos. Esta demostración del poder de Dios animó a John a dedicarse al servicio de Dios, y mucha gente se animó a seguir a Jesús debido a la curación de John.

Los miembros del grupo celular respondieron a las necesidades de John y siguieron orando por su curación siguiendo el consejo de Santiago 5:16: "Confesaos vuestras ofensas unos a otros y orad unos por otros, para que seáis sanados". Según Santiago, orar por los enfermos es un "ministerio mutuo". En lugar de confiar en las oraciones de una persona ungida "que hace milagros", se instruye a los cristianos para que oren unos por otros. Además el libro de Santiago fue escrito para una reunión de iglesia en casa del siglo primero, no para un servicio milagroso masivo en un gran auditorio.

Nos dé o no el Espíritu Santo el don de sanidad, necesitamos seguir orando unos por otros. El proceso curativo comienza en el grupo cuando el líder pide a los miembros que compartan sus aflicciones y sus necesidades físicas. Después, el líder puede pedir a los miembros del grupo que extiendan sus manos sobre la persona afligida mientras el líder pronuncia una oración sanadora. Otra opción es pedir a los que están al lado de la persona que impongan sus manos sobre ella mientras el líder ora pidiendo un toque milagroso. Algunos líderes pueden pedir al grupo que se coloque alrededor de la persona enferma mientras dos o tres personas oran por su curación física. Lo mejor es concluir cada oración de sanidad con "En nombre de Jesús", porque Jesús dijo en Juan 14:13-14: "Todo lo que pidáis al Padre en mi nombre, lo haré, para que el Padre sea glorificado en el Hijo. Si algo pedís en mi nombre, yo lo haré."

La frase "la variedad es la sal de la vida" es muy aplicable al ministerio de grupos celulares. Los líderes de grupos celulares varían sus métodos de oración, especialmente en lo que respecta a las oraciones de sanidad. Una semana, el líder puede imponer las manos sobre la persona enferma mientas todos los demás extienden las manos. Otra semana, el líder puede pedir a varios miembros que oren por la persona enferma. La clave es no quedarse estancado haciendo una cosa y excluyendo otras. Todos necesitamos variedad, necesitamos encontrar nuevas válvulas de escape para nuestras energías. Pero debemos recordar siempre que la manera de recibir la curación de Dios es a través de la confesión de nuestras necesidades.

Permite que el Espíritu haga lo que quiere hacer. Haz que Él sea el centro de tus discusiones. Pídele que te llene con su gracia. Sí, Él lo hará. Él se dará a conocer.

MILAGROS

El don de milagros es la dotación que hace el Espíritu para que se crea en Dios a través de actos poderosos que son contrarios a las leyes de la naturaleza y que glorifican a Dios (ver Éxodo 14:21-31; 1 Reyes 18:21-40; Mateo 14:25-33; 24:23-24; Lucas 10:17-20; Juan 14:2-14; Hechos 9:36-42; 19:11; 20:9-12; Romanos 15:18-19; 1 Corintios 12:10, 28; 2 Corintios 12:12). La palabra milagro viene de la palabra griega *dunamis*, de la que nosotros sacamos también la palabra *dinamita*. Se refiere a un trabajo que no puede producirse por medios naturales. Mientras estuvo en la tierra, Jesús quiso que la gente conociese el asombroso poder de Dios para obrar milagros. Aproximadamente el treinta por ciento de los versículos del evangelio de Marcos tratan sobre el poder para obrar milagros de Jesús.

Mi abuela Martha Nelson fue la primera en mi familia más cercana en recibir a Jesús, y lo hizo a la edad de 74 años. Después de convertirse de la Ciencia cristiana a la relación personal con Jesucristo, empezó a asistir a las conferencias de Kathryn Kuhlman en Los Angeles. Estas reuniones le dieron una apreciación de primera mano del poder sobrenatural de Dios obrando a través de los milagros y la sanación. Su fe en un Dios milagroso tuvo una gran influencia en mi familia inmediata, y especialmente en mi propia vida.

Cuando el poder de Dios se demuestra a través de la curación, Dios recibe la gloria, la gente tiene valor para contarles las buenas nuevas a sus amigos y el reino de Cristo se extiende.

Jesucristo es el mismo ayer, hoy y siempre. Es capaz de hacer los mismos milagros hoy que cuando caminaba por esta tierra. Jesús dijo, de hecho, que los que creen en Su nombre harán incluso mayores milagros que Él (ver Juan 14:12).

DISCERNIMIENTO DE ESPÍRITUS

Este don de discernimiento de espíritus capacita a los cristianos para distinguir entre la verdad y el error, y saber con certeza cuando un comportamiento tiene un origen satánico, humano o divino (ver Mateo 16:22-23; Hechos 5:1-10; 8:18-24; 13:6-12; 16:16-18; 1 Corintios 12:10; 1 Tesalonicenses 5:19-22; 1 Juan 4:1-6). Todos los creyentes son capaces de distinguir entre verdad y error hasta cierto punto (ver Hebreos 5:12-14), pero los que tienen el don de discernimiento son capacitados con la habilidad especial de saber con certeza lo que es cierto y lo que es falso. El ejemplo bíblico más claro de demostración de este don se produjo cuando el apóstol Pedro discernió que Satanás había inspirado a Ananías a mentir al Espíritu Santo. Ananías inmediatamente cayó muerto y su esposa también porque había tomado parte en la mentira (ver Hechos 5:1-10).

Incluso aunque el impulsor de un grupo celular no tenga este don particular, cuando se produce una situación difícil en el grupo, debería pedir al Espíritu Santo el don de discernimiento. El Espíritu Santo ofrece algunos dones de acuerdo con las necesidades y situaciones, así que pídelo si lo necesitas. Cuando un miembro ya tiene este don, anímale a que hable directamente con la persona de la cual se necesita discernimiento para verificar los detalles. Después, si es necesario, el miembro puede hablar directamente con el líder del grupo celular.

Un líder de grupo celular puede evitar muchos problemas si recuerda el principio de edificación y amor. El Espíritu Santo libremente ofrece los dones a la Iglesia para *edificar*, no para *destruir* ni *derribar*. Recuerda que el Espíritu Santo inspiró a Pablo a escribir el capítulo sobre el amor y a colocarlo exactamente en medio de los capítulos referentes a los dones espirituales. E inmediatamente después de escribir sobre los dones, Pablo continuó este tema para los creyentes romanos: "Amaos los unos a los otros con amor fraternal; en cuanto a honra, prefiriéndoos los unos a los otros" (Romanos 12:10). El Espíritu Santo ciertamente desea avivar el ministerio de grupos celulares mediante los dones del Espíritu, pero el amor debe dominar todo lo que se dice y se hace.

9

ORAR EN LOS GRUPOS CELULARES

Cuando me senté en la sala de oración el sábado por la noche, me sentí como si estuviera tocando el cielo. Otros seis pastores y yo estábamos en la Cypress Creek Church en Wimberley, Texas, rodeados por siete guerreros de la oración. Estábamos sentados en el medio, y ellos formaban un semicírculo en torno a nosotros. Con papel y lápiz en la mano, estos intercesores anotaron lo que Dios les estaba mostrando en preparación de su oración por nosotros.

Los guerreros de la oración nos pidieron que comentáramos nuestras necesidades especiales y peticiones. Hicieron preguntas para asegurarse de que podrían orar específicamente. Y después la oración comenzó. Estos guerreros entremezclaron las Escrituras con la profecía en sus oraciones por nosotros. El ambiente estaba lleno de la presencia de Dios y yo prácticamente estaba flotando.

He llevado dos grupos de pastores a la Cypress Creek Church. En ambas ocasiones, salí energizado por el poder de Dios a través de la oración. Cuando esta iglesia se inició en 1994, la primera persona a la que contrataron fue Cecilia Belvin, pastor de oración.

Cecilia tiene el don de intercesión, y empezó a desempeñar este ministerio, después otros guerreros de oración como ella se le unieron. Hoy en día, Cypress Creek Church tiene uno de los ministerios de oración más vitales que he conocido. Dios ha bendecido a esta iglesia en abundancia porque le han colocado a Él en primer lugar.

Aunque el don de oración no se enseña explícitamente en las Escrituras como don espiritual, parece evidente que algunas personas han recibido este don. El don de oración permite a los cristianos orar por peticiones concretas durante un largo periodo de tiempo. Como dice Peter Wagner: "Algunos cristianos, me parece, tienen una habilidad especial para orar durante un periodo amplio de tiempo de manera regular y ver respuestas frecuentes y específicas a sus oraciones." [1]

Incluyo el don de oración en el último capítulo porque creo que la oración debería caracterizar los grupos liderados por el Espíritu, tenga o no la gente de estos grupos el don de oración. Si una persona de un grupo celular tiene el don de oración, la intercesión fluirá con naturalidad. Al resto de nosotros nos costará un poco más.

INTERCESIÓN PARA EVANGELIZAR

Las técnicas de evangelización de los grupos celulares abundan. En libros anteriores he escrito sobre los picnics de grupos celulares, barbacoas, videos en grupo, orar ante una silla vacía y otros métodos evangelísticos. Sin embargo, tengo una convicción creciente en que la estrategia de orar es tan eficaz que hace que las demás estrategias palidezcan en comparación. La oración intercesora continuada es el arsenal "nuclear" del armamento evangelístico cristiano.

Cuando el pueblo de Dios ora fervorosamente y de corazón, el mismo Dios libera poder sobrenatural, y se producen los milagros. Un líder dijo:

> El lugar donde me encontraba estaba lleno de brujería y pobreza. Inicié un movimiento de oración en mi célula, que creció hasta... cinco células. Cuando los poderes que hay en el ambiente se rompen, la luz de Dios brilla con magnificencia, trayendo curación y redención a todos los heridos y desposeídos. [2]

Los grupos y los líderes eficaces se dedican a orar. Reconocen que la herramienta más eficaz para ganar a no cristianos es la oración ferviente. También entienden que están implicados en una batalla espiritual, y que nadie será ganado para Jesucristo sin la intervención sobrenatural del Espíritu Santo. Es el único que proporciona la victoria y que sana corazones. Solo Jesús puede liberar a los cautivos y hacer que una persona sea completa.

Los grupos celulares eficaces evangelizan mediante la oración. Como Jesús enseño, primero atan al hombre fuerte, y después entran en su casa y saquean sus bienes (ver Mateo 12:29).

Justin y Lucy se mudaron a un complejo de apartamentos con la prioridad de iniciar un grupo celular. Cuando mi esposa le preguntó a Justin si había hecho algún contacto con los vecinos, sabiendo que planeaba hacerlo, él contestó: "No estoy preparado todavía para llegar a ellos porque todavía no los he bañado lo suficiente en oración". Justin se toma en serio la guerra de oración. Sabe que el Espíritu Santo debe abrir primero los corazones antes de poder responder con la verdad del evangelio.

Los que no conocen a Cristo están cegados por fuerzas demoníacas que no quieren que vean las buenas nuevas de Jesucristo. Pablo escribió sobre esta realidad:

"Pero si nuestro evangelio está aún encubierto, entre los que se pierden está encubierto; esto es, entre los incrédulos, a quienes el dios de este mundo les cegó el entendimiento, para que no les resplandezca la luz del evangelio de la gloria de Cristo, el cual es la imagen de Dios"
2 Corintios 4:3-4

Lo primero es la oración, después llega la evangelización. La obra de Dios siempre es más eficaz que nuestro esfuerzo humano, porque asegura el éxito a largo plazo. Por mis años de experiencia en el ministerio, me he dado cuenta de que una cosa es repetir el "yo pecador" con alguien y pedir la conversión, y otra muy diferente ver que esa persona se regenera. Muchos de mis convertidos fueron sólo eso: mis convertidos. En otras palabras, nunca se convirtieron de verdad. Cuando Dios convierte a alguien, la persona es un auténtico convertido.

Un grupo lleno de Espíritu da prioridad a la oración. La oración es el aliento de vida y la atmósfera de los grupos eficaces. La intercesión prepara el terreno para que los no creyentes reciban a Cristo. La oración intercesora es una guerra espiritual y exige una persistencia similar a la de las batallas para conquistar la fortaleza enemiga. Pero estate seguro de que Satanás no abandonará el control sin pelear. Anima a tu grupo celular a orar. Valora a los que se toman en serio la oración, y mantenlos como ejemplo para el resto del grupo.

En mi grupo celular, Shaun comentó esto: "Por favor, orad por mi hijo de dieciocho años, Jeremy. Recibió a Jesús de niño, pero ahora está tomando drogas, entra y sale de la cárcel y está a punto de suicidarse". Como grupo celular nos comprometimos a orar por Jeremy todos los días. Durante la reunión de oración del jueves por la mañana, sentí un gran alivio en mi espíritu cuando oraba por Jeremy, como si algo estuviese a punto de suceder.

Al día siguiente, la madre de Jeremy, Gina, llamó para decir que "sin más" Jeremy había mencionado su necesidad de acercarse a Dios. Invitamos a Jeremy al campamento de la iglesia el siguiente sábado por la noche, y vino con su novia. Dios actuó en la vida de Jeremy y a la semana siguiente después del campamento, Jeremy asistió al estudio bíblico, por primera vez en siete años.

La mejor manera de movilizar a todo el grupo para que interceda por los no creyentes es pidiendo a cada miembro que anote los nombres de los amigos, parientes u otros contactos con el propósito de orar por su salvación. Es una gran idea que se escriban todos los nombres en un cartel grande y pedir que todo el grupo ore al unísono por los nombres que hay en el cartel. El manual de entrenamiento de la Faith Community Baptist Church exhorta a los líderes de células potenciales a "mencionar a tus amigos no creyentes en las reuniones de las células. Anima a todos los miembros de la célula a orar por ellos diariamente. Dios contestará a estas plegarias". [3]

Cuando un grupo celular puede alzar sus ojos más allá de sus propios vecinos hacia la gente que todavía no ha sido alcanzada en el mundo, debería ser elogiado. A Dios le complace cuando un grupo practica la guerra de oración para las masas no cristianas del mundo, especialmente los que están viviendo en la "ventana 10/40": el rectángulo geográfico entre los 10 grados y 40 grados latitud norte en el que viven el 90 por ciento de los grupos de gente no alcanzada.

Visité una iglesia que pedía a sus grupos celulares que concluyeran las reuniones con una oración intercesora por la gente no alcanzada del mundo. Para ese fin, habían desarrollado una serie excelente de perfiles de oración para grupos de gente no alcanzada para que otras iglesias y grupos celulares los utilizaran.

INTERCESIÓN POR LOS NUEVOS LÍDERES

Además de orar por los amigos no cristianos, un grupo celular debería también orar por los que inician un grupo celular nuevo. Hay que evitar oraciones de duda tipo: "Señor, si es tu voluntad multiplicar este grupo celular..." Los miembros de células fieles oran creyendo que la multiplicación es la voluntad de Dios (ver 2 Pedro 3:9-10; 1 Timoteo 2:4-5).

Scott Kellar comenzó a liderar su grupo en Escondido, California, en 2002 y lleva liderando un grupo celular desde entonces. Ha multiplicado su grupo celular cuatro veces, y se preocupa personalmente de los líderes que él ha promovido. Scott cree que la clave de su éxito es la oración ferviente por cada miembro del grupo.

Scott empezó a orar por Melissa, una de los miembros del grupo. Tras orar por ella durante dos meses, le comentó a Melissa la posibilidad de que algún día ella liderara su propio grupo. Ella se negó en redondo con las palabras: "No estoy lista". Pero Scott continuó orando por ella, pidiendo a Dios que abriese su corazón. Esperó otros seis meses y después se acercó a ella de nuevo con la misma pregunta sobre liderar un grupo. "Vale" fue su respuesta. Ahora Melissa está liderando con éxito un grupo y Scott continúa asesorándola a ella y a su marido. Scott continuamente anima a Melissa con la oración, sabiendo que al demonio le gustaría atacar su ministerio.

Floyd L. Schwanz trata el tema de "¿Cómo dar vida a nuevos grupos?" en su libro *Growing Small Groups*, aconsejando a los líderes de células que "embaracen a su grupo". ¿Cómo pueden hacerlo? A través de la oración. Aconseja a los líderes de células que incluyan una oración en la reunión semanal por aquellos que ayudarán a iniciar un nuevo grupo, diciendo: "Esto ofrece al Espíritu Santo la oportunidad adicional de obrar en los corazones de los líderes potenciales." [4]

INTERCESIÓN Y AYUNO

Carl Everett, director de la Bethany Cell Church Network, empezó liderando un grupo celular. Su grupo se multiplicó varias veces, y cada célula hija creció y prosperó. Carl resume el secreto de su éxito en tres palabras: "Oración, oración, oración".

La preparación de la célula, para Carl y su esposa, Gaynel, incluye ayunar y orar el día de la reunión. Antes de la reunión, bendicen la comida, las aceras, el patio, cada habitación de la casa e incluso cada asiento que va a ser utilizado esa noche. Carl ora por los miembros y para que Dios también le bendiga a él. Esperan hasta el final de la reunión (el momento del refrigerio) para comer, escogiendo ayunar y orar para que se cumpla la voluntad de Dios en los corazones de las personas.

El ejemplo de los Everett no es inusual en Bethany, donde se anima a los líderes a ayunar y orar antes de las reuniones. Algunos ayunan todo el día, otros sólo hasta las 3 P.M., mientras que otros solo se saltan una comida. Carl dice: "Es importante movilizar la mayor cantidad posible de gente del grupo para que ayunen y oren".

Ayunar y orar es una doble amenaza para el enemigo. El demonio se va cuando oramos, pero huye cuando ayunamos y oramos. Cuando ayuna, el creyente entra en un nivel nuevo de compromiso y dedicación, una dedicación que implica dejar a un lado el gozo y los placeres personales.

Omar Cabrero es el fundador de la Iglesia del Futuro en Buenos Aires, Argentina. Su iglesia de grupos celulares es una de las más grandes de Argentina, con aproximadamente 15.000 miembros en 188 iglesias.[5] Omar descubrió que la mejor manera de que su iglesia evangelice es alquilando una habitación en un hotel de una ciudad con el propósito de ayunar y orar. Durante días, se embarca en una guerra espiritual por la gente de la ciudad hasta que siente que han sido liberados de las garras de Satanás. Cuando siente que la obra de Dios ha sido concluida, inicia una campaña evangelizadora, en la que miles y miles reciben a Jesús como Salvador y Señor.

Cuando ayunamos, entramos en la presencia del Dios vivo de una forma más personal y profunda. Ayunar nos ayuda a oír la voz de Dios porque estamos más sensibles a Él. Despeja las telarañas de nuestra mente y nos ayuda a vernos con ojos espirituales. También proporciona energía adicional para interceder por los que más lo necesitan.

ORACIÓN INTERCESORA CREATIVA

Los impulsores eficaces de grupos celulares intentan colocar la oración como el centro de la vida del grupo, sabiendo que la oración no se puede sobreenfatizar. Algunas grandes ideas para que las células arranquen a orar pueden ser:

- Hacer grupos de dos o tres personas. Esto permite que más gente comience a orar y resulta menos intimidante para los miembros más callados.
- Pedir a los miembros de las células que intercedan, llamándoles por su nombre.
- Entrena a tu grupo a decir oraciones breves y coloquiales que permitan una mayor interacción y acu-

erdo. Esto permite que más gente ore y ayuda a prevenir que una persona domine el tiempo de oración.
- Durante los últimos quince minutos de la reunión del grupo, pedir a los hombres que se vayan a una habitación a orar y que las mujeres oren en otra. A menudo existe más libertad para exponer peticiones de oración cuando los miembros pertenecen al mismo sexo.
- Intentar utilizar "oración concertada". C. Peter Wagner describe esto como que "todos los presentes en la reunión de oración oren en voz alta al mismo tiempo". [6] Los cristianos coreanos popularizaron este estilo de oración. En la iglesia de David Cho, el líder da la señal para empezar y un rugido de oración inunda la iglesia hasta que una campana indica que el tiempo se ha terminado.

Las células simplemente son el conducto del Espíritu Santo; no son un fin en sí mismas. La oración fortalece las células y las hace una bendición para otros.

CAMINATAS DE ORACIÓN

Caminar orando en grupo es una obra preliminar para preparar el campo para la cosecha. También es una proclamación pública a las fuerzas de la oscuridad de que Dios dirige y quiere despertar a las almas que están inmersas en la oscuridad. Cuando un grupo camina alrededor de un vecindario, hace que se recuerde cuando los israelitas caminaron alrededor de las murallas de Jericó. Puede parecer una tontería para otros, pero es un tributo al poder de Dios para obrar en la vida de la gente. Proclama la victoria de la Iglesia sobre los malos espíritus y las hordas demoníacas que intentan destruir y saquear esta zona en particular.

Dios le dijo a Josué antes de la conquista de Canaán: "Yo os he entregado, tal como lo dije a Moisés, todos los lugares que pisen las plantas de vuestros pies" (Josué 1:3). El problema para los israelitas, como para nosotros, es que hay gigantes en la tierra, gigantes que no se eliminan con facilidad, especialmente en las culturas occidentales.

El racionalismo occidental y el placer materialista ha hecho encallar a mucha gente en sus casas, viendo la televisión durante horas y horas. No se moverán con facilidad para asistir a una reunión de tu grupo, a menos que Dios haga rodar la piedra. Mucha gente, incluso sin quererlo, ha sucumbido a los dioses de los placeres personales y la prosperidad. Estoy convencido de que sólo la oración curará esta enfermedad. Sólo Dios puede cambiar la propensión de una persona a la avaricia materialista.

Cuando un grupo sale a caminar por un vecindario, está proclamando que Dios es el único que debe eliminar los gigantes de nuestra tierra. El grupo está declarando su dependencia de Él.

EMPEZAR CON UN PLAN

Planear es esencial en una caminata de oración. Si es posible, avisa al grupo con un par de semanas de antelación. Necesitarán prepararse tanto física (como por ejemplo eligiendo la ropa adecuada) como espiritualmente.

A menudo cuando el grupo hace una caminata de oración, el tiempo para la lección es más corto, así que la reunión puede seguir durando más o menos hora y media, pero con la caminata incluida. Recomiendo que el tema de la lección sea la oración, la guerra espiritual o algún otro aspecto de la obra del Espíritu en preparación para la caminata de oración. También animo a que todos salgan a orar, aunque algunos podrían insistir en quedarse detrás orando mientras los demás se van.

Si hay más de quince adultos, divídelos en dos grupos. Animo a que los niños vayan también a la caminata de oración, pero deben entender que el objetivo es orar, no jugar.

ACTUAR CON NORMALIDAD

La mayor parte del tiempo, la gente del vecindario no debería saber lo que está haciendo el grupo. Todos deberían permanecer con los ojos abiertos y hablar, no gritar, para que parezca que simplemente están paseando, hablando y pasándolo bien.

También es bueno que el anfitrión o el impulsor del grupo comente directamente algo sobre los vecinos con el propósito de orar. El anfitrión podría decir, por ejemplo, "Aquí viven Tim y Susan, y últimamente han tenido algunos problemas matrimoniales. Oren para que Dios cure sus corazones" o "Los Thompson son creyentes renacidos, y van a la iglesia bautista; oremos agradeciendo que Dios haya bendecido sus vidas".

Si el grupo es pequeño, es buena idea permitir que cualquiera ore en cualquier momento, aunque el impulsor o el miembro central del equipo por lo general debería guiar la caminata de oración. Si el grupo es grande, es mejor pedir que cada persona, llamándola por su nombre, ore por una casa en particular, por ejemplo: "Jane, ¿podrías orar por Tim y Susan?"

SER SENSIBLES AL ESPÍRITU

Durante ciertas estaciones del año, habrá más gente fuera, y la caminata de oración puede proporcionar una gran oportunidad para saludar a la gente. Mi grupo utiliza las caminatas de oración como un modo eficaz no sólo de orar por los vecinos sino también de comunicarse con los que están por los alrededores de la casa. Dios nos ha proporcionado varias oportunidades de compartir nuestra fe y alcanzar a gente de nuestro entorno.

Durante las caminatas de oración, cuando vemos a la gente fuera de sus casas, la saludamos de forma amable y cariñosa. A veces uno de los miembros se siente impulsado a hablar de Cristo y a invitar a la persona a nuestra célula. Sin embargo, no es necesario, hablar de Cristo con cada persona. A menudo un saludo amistoso con la mano, un saludo cariñoso o una breve charla es parte del ministerio preparatorio para conversiones futuras.

DESESPERACIÓN DIVINA

Dios está creando un ejército de grupos celulares llenos de Espíritu. La iglesia más grande del mundo en la historia de la cristiandad puede instruirnos sobre el poder intercesor de la oración. Cuando visité la Yoido Full Gospel Church del pastor Cho en abril de 1977, calculé que había unas 253.000 personas asistiendo a la iglesia madre además de 25.000 grupos celulares. Alguien me había dicho antes de ir a Corea que la iglesia estaba en declive. Pero cuando estuve allí, pensé: Si esto es declive, ¿cómo será el crecimiento?

Hasta la mañana siguiente no entendí el secreto del éxito de esta gran iglesia. Estaba nevando ligeramente aquella mañana de lunes del mes de abril. Me vestí y fui al santuario principal a las 5:30 A.M. Allí, vi trescientos santos coreanos de rodillas pidiéndole a gritos a Dios: "Danos Corea para tu hijo, Jesús, amado Señor". Me di cuenta de que la iglesia más grande de la historia del cristianismo era una iglesia de oración. Esta iglesia estaba deseosa de pagar el precio orando, y Dios los estaba bendiciendo poderosamente por ello.

Ese mismo lunes por la mañana, cogí un autobús para Prayer Mountain, un antiguo cementerio convertido en una montaña de oración. Alrededor de diez mil personas pasan por esta montaña cada semana. La Yoido Full Gospel Church ha excavado cientos de cuevas en la ladera de la montaña para utilizarlas para orar. Fue emocionante caminar cerca de las cuevas de oración y oír las voces del pueblo de Dios ascendiendo hasta Su trono. Estos creyentes coreanos me recordaron a Epafras, una persona de la que Pablo dijo: "Él siempre ruega encarecidamente por vosotros en sus oraciones, para que estéis firmes, perfectos y completos en todo lo que Dios quiere" (Colosenses 4:12). El verbo "rogar" en este versículo significa literalmente "agonizar". *Esto es lo que necesito*, me dije. *Me falta fervor. Necesito rogar encarecidamente en mis oraciones a Dios*. Comparado con los creyentes coreanos, mi vida de oración era poco entusiasta como mucho. Dejé Corea inspirado para reforzar el fervor de mi vida de oración.

Hasta que el liderazgo de la célula no esté convencido de que solo Dios puede convertir a un no cristiano y formar nuevos líderes, poco se puede hacer. Los momentos de oración banales en un grupo celular son incapaces de romper el sentimiento de letargo. Antes de que orar pueda marcar la diferencia en la célula, el liderazgo de la célula debe "saber que sabe" que a menos que Dios dé su aliento de vida a nuestras metodologías, sólo son madera, heno y rastrojo. Cuando Jesús vio las necesidades apremiantes de la multitud, no les dijo a los discípulos que iniciaran el último programa de entrenamiento para la evangelización. Más bien, les ordenó: "Rogad, pues, al Señor de la mies, que envíe obreros a su mies" (Mateo 9:38). La oración intercesora es un trabajo duro y requiere persistencia. No obstante el fruto son los miembros renovados y la salvación de los perdidos. A veces querrás abandonar. ¡No lo hagas! Dios está escuchando tus oraciones y está complacido con ellas. En Su momento, la respuesta llegará, rápidamente.

EL GRUPO CELULAR LLENO DEL ESPÍRITU

Todos los que lean este libro estarán de acuerdo en que necesitamos más del Espíritu de Dios en nuestros grupos celulares. Todos podemos estar de acuerdo en que el Espíritu debe controlar tanto a los miembros como a los líderes. Caminar en el Espíritu y recibir su plenitud es una parte esencial de la vida cristiana. Además, la mayoría de nosotros estarán de acuerdo en que los dones espirituales son para hoy y deben ser utilizados. Algunos pueden ser más reticentes que otros al uso de ciertos dones (como el de profecía) en sus grupos celulares.

Sin embargo, la principal cuestión no es en qué estamos de acuerdo o no. La principal cuestión es: ¿Cómo podemos tener más de Él hoy en día en el siglo XXI? El Espíritu Santo anhela fluir a través de recipientes derrotados. Creo que el Espíritu está tan deseoso de llenar a líderes y grupos hoy en día como en los tiempos del apóstol Pablo. Lo más probable es que penséis lo mismo.

Permite que Él te llene a ti y a tu grupo para que puedas introducir a Jesucristo con eficacia en tu vecindario, ciudad y en el mundo. Cuando los dones del Espíritu fluyan libremente en el grupo celular, Jesús será glorificado y su Iglesia probará un poco más de la delicia celestial que un día será nuestra por toda la eternidad.

NOTAS

Introducción

1. George Barna, "Protestants, Catholics and Mormons Reflect Diverse Levels of Religious Activity," http://www.barna.org/cgi-bin/PagePressRelease.asp?PressReleaseID=93&Reference=F (4 Octubre 2001).

2. Lawrence Khong, *The Apostolic Cell Church: Practical Strategies for Growth and Outreach from the Story of Faith Community Baptist Church* (Singapore: Touch Ministries International, 2000), 33.

3. En mi libro *Cell Church Solutions* (Moreno Valley, Calif.: CCS Publishing, 2005), ofrezco 44 casos de estudio de iglesias de 17 denominaciones y redes de iglesias como: Asambleas de Dios, Bautista Americana, Capilla del Calvario, Iglesia de Cristo, Iglesia de Dios, Alianza Cristiana y Misionera, Pacto, Comunidad Cristiana de la Paloma, Metodista Libre, Luteranos, Nazarenos, Bautistas del Sur, Pentecostal, Bautista del Libre Albedrío Pentecostal, Metodistas Unidos, la Viña y Wesleyanos. Algunas de estas iglesias son carismáticas y otras no. Estas iglesias celulares se encuentran en 18 estados americanos distintos y dos provincias de Canadá. La variedad de estas iglesias argumenta en contra de los que dicen que sólo las iglesias pentecostales y carismáticas hacen buenas iglesias celulares.

4. La mayoría de los libros sobre liderazgo cristiano están de acuerdo en que el liderazgo supone influencia. El Dr. Robert J. Clinton define el liderazgo de la siguiente manera: "Un líder, tal como se define según un estudio de liderazgo bíblico... es una persona a la que Dios ha dado capacidad y responsabilidad y que está influyendo en un grupo específico de gente de Dios para alcanzar los propósitos que Dios tiene para el grupo" [Leadership Perspectives (Altadena, Calif.: Barnabas Publishers, 1993), 14]. C. Peter Wagner utiliza la idea de influir en un grupo de gente para alcanzar los propósitos de Dios para definir el "don del

liderazgo" en el Nuevo Testamento (ver Romanos 12:8). Dice: "El don del liderazgo es la habilidad especial que Dios da a ciertos miembros del Cuerpo de Cristo para establecer objetivos de acuerdo con los propósitos de Dios para el futuro y para comunicar estos objetivos a otros de tal manera que estos voluntariamente trabajen juntos y en armonía para cumplir con esos objetivos para gloria de Dios" [*Your Spiritual Gifts Can Help Your Church Grow* (Ventura, Calif.: Regal, 1979), 162]. El seminario Touch Outreach para revisores de zona describe al líder como "... una persona que *anima* a otras, que *motiva* a otras a lograr los objetivos del grupo..."[*Zone Supervisor Seminar* (Houston, Tex.: Touch Outreach Ministries, 1997) F-1]. En este libro seguiré el consenso arriba indicado de que un líder es aquel que influye sobre un grupo particular para conseguir el objetivo del grupo.

5. Clinton, 14.

6. En mi libro Explosión de liderazgo (Terrasa: Editorial CLIE, 2002), hablo de recibir entrenamiento y disciplina para prepararse para liderar un grupo celular.

7. Considero que el libro de C. Peter Wagner Sus dones espirituales pueden ayudar a crecer a su iglesia es el mejor libro sobre dones espirituales que hay hoy en día. El segundo mejor, según mi opinión, es Los 3 colores del ministerio de Christian A. Schwarz (Editorial CLIE, 2001).

8. Mis libros *Recoged la Cosecha* (Editorial CLIE, 2001) y *Cell Church Solutions* (Moreno Valley, Calif.: CCS Publishing, 2005) hablan sobre el papel del pastor principal en una iglesia de células.

9. Otros temas sobre el ministerio de grupos celulares que he tratado son:

- Liderar un grupo de células: Cómo dirigir un grupo celular con éxito, (Terrassa: Editorial CLIE, 2002)
- Cómo multiplicar los grupos de células: Explosión de los grupos celulares en los hogares (Terrassa: Editorial CLIE, 2002)
- Cómo preparar espiritualmente el ministerio de células: Una cita con el Rey, (Viladecavalls: Editorial CLIE, 2007)
- Cómo organizar de forma práctica el sistema de grupos de células: Recoged la cosecha, Terrassa: Editorial CLIE, 2001); Explosión de la iglesia celular (Editorial CLIE, 2005)
- Cómo entrenar futuros líderes de grupo celular: Explosión de liderazgo (Terrassa: Editorial CLIE, 2002)
- Cómo entrenar y asesorar a líderes de grupos de células: Cómo ser un excelente asesor de grupos celulares, (Terrassa: Editorial CLIE, 2005); Grupos de doce, (Terrassa: Editorial CLIE, 2001); De doce a tres, (Terrassa: Editorial CLIE, 2004)
- Cómo sintonizar adecuadamente el sistema de células: Making Cell Groups Work Navigation Guide (Cell Group Resources, 2003)
- Principios para la segunda iglesia más grande del mundo: Passion and Persistence (Cell Group Resources, 2004)

Para más información sobre estos materiales, visita nuestra web, www.cellchurchsolutions.com, o llama al 1-888-511-9995

Notas

Capítulo 1: Llenarse del Espíritu

1. Al Espíritu Santo se le llama Dios (ver Hechos 5:3-4; 1 Corintios 2:11; 2 Corintios 3:17) y posee atributos divinos, como la omnisciencia (ver 1 Corintios 2:10-11), omnipresencia (ver Salmos 139:7) y omnipotencia (ver Zacarías 4:6). Es la tercera persona de la Trinidad (ver Mateo 28:19). Para más sobre este tema, ver René Pache, *The Person at Work of the Holy Spirit* (Chicago, Ill.: Moody, 1954), 14-19.

2. Ver 1 Corintios 2:10 (buscar), Romanos 8:26 (ayudar) y Juan 14:26 (enseñar).

3. Ver 1 Corintios 2:11 (conocimiento), 1 Corintios 12:11 (voluntad), Romanos 8:27 (mente), Romanos 15:30 (amor), Nehemías 9:20 (instrucción) y Efesios 4:30 (dolor).

4. Graig Keener, *Gift Giver: The Holy Spirit for Today* (Grand Rapids, Mich.: Baker Academic, 2001), 147-48.

5. Ver Una cita con el Rey, (Moreno Valley, Calif: CCS Publishing, 2007, 2011).

6. El doctorado en filosofía de Jin Egli en la Regent University (completado en 2003) implicaba una investigación sobre iglesias de células para determinar los factores de su crecimiento o declive. En octubre de 2003, Egli expuso estas observaciones en el foro Touch Field en Houston, Texas.

Capítulo 2: Vivir en el Espíritu

1. Mikel Neumann, *Home Groups for Urban Cultures* (Pasadena, Calif.: William Carey Library, 1992), 82.

2. Everett Lewis Cattell, *The Spirit of Holiness* (Kansas City, Mo.: Beacon Hill, 1963), 54–55.

3. Matthew Henry, en *Matthew Henry's Commentary on the Bible* (Peabody, Mass.: Hendrickson Publishers, 1991) en CD-ROM, escribe: "Puede que estemos presentes en espíritu con aquellas iglesias y cristianos de las que estamos ausentes en cuerpo; porque la comunión de los santos es algo espiritual. Pablo había oído respecto a los colosenses que eran disciplinados y regulares; y aunque nunca los había visto, ni había estado presente con ellos, les dijo que podía imaginarse perfectamente entre ellos, y observar con placer su buen comportamiento."

4. Para una información completa sobre los factores que afectan o no a la multiplicación de los grupos celulares, ver mi libro *La Explosión de los grupos celulares en los hogares*, (Terrassa: Editorial CLIE, 2000).

Capítulo 3: La alabanza y la Palabra en los grupos llenos del Espíritu

1. David Hocking, *The Seven Laws of Christian Leadership* (Ventura, Calif.: Regal, 1991), 63.

Capítulo 4: Edificación en grupos llenos del Espíritu

1. George Barna, tal como lo cita Julie Gorman, *Community That Is Christian* (Wheaton, Ill.: Victor Books, 1933), 81

2. Larry Crabb, *Connecting* (Nashville, Tenn.: Word Publishing, 1997), 31.

Capítulo 5: El cuerpo de Cristo y los grupos celulares

1. James H. Rutz, *The Open Church* (Auburn, Maine: The SeedSowers, 1992), 47.

2. John Mallison, *Growing Christians in Small Groups* (London: Scripture Union, 1989), 5.

3. Elton Trueblood, como se cita en Edward F. Murphy, *The Gifts of the Spirit and the Mission of the Church* (Pasadena, Calif.: Fuller Theological Seminary, 1972), 152.

4. Paul [David] Yonggi Cho, *Successful Home Cell Groups* (Plainfield, N.J.: Logos International, 1981), 50–52.

5. Bill Easum, "Emerging Trends for Effective Ministry in the 21st Century," *Journal for the American Society for Church Growth* (Spring 2001): 45.

6. La Misión Carismática Internacional en Bogotá, Colombia (probablemente la cuarta iglesia más grande del mundo), y la Iglesia Elim en San Salvador (quizá la segunda o tercera iglesia más grande del mundo) están en esta categoría. Estas dos iglesias son las iglesias de células más grandes de Latinoamérica. El pastor principal de la Iglesia Elim, Mario Vega, me dijo que profecía, lenguas e interpretación se podían utilizar en los grupos celulares, pero pedían que hubiera un pastor presente en esos casos.

Capítulo 6: Cómo funcionan los dones en los grupos celulares

1. Se utilizan otras palabras griegas en 1 Corintios 12:1-7 para describir la obra del Espíritu a través de los dones:

versículo 1: *pneumatikon* – atributos espirituales, más que talentos naturales y dones

versículo 4: *charismata* – dones que la bondad de Dios concede libremente, en lugar de ser ganados o merecidos

versículo 5: *diakonian* – función o ministerio en la Iglesia, oportunidades para servir a otros

versículo 6: *emergematon* – obras momentáneas, para un propósito particular, y no una posesión permanente

versículo 7: *phanerosis* – exhibición activa o manifestación del poder de Dios, que refleja su poder y su gloria

2. Ray C. Stedman, Body Life (Glendale, Calif.: Regal, 1972), 66-77; C. Peter Wagner, *¿Son vigentes los dones milagrosos?* Cuatro puntos de vista. (Terrassa: Editorial CLIE, 2004); Robert J. Clinton, *Spiritual Gifts* (Coral Gables, Fla.: West Indies Mission, 1975), 40, 100; Rick Yohn, *Discover Your Spiritual Gift and Use it* (Wheaton, Ill.: Tyndale House, 1983), 128-30; John Wimber, *Healing Ministry and Church Growth* (Pasadena, Calif.: Fuller Theological Seminary, 1983), 40.

3. Las categorías generales fueron tomadas de Paul Ford, *Unleash Your Church* (Pasadena, Calif.: Charles E. Fuller Institute, 1993), 55, aunque alteré el orden e hice varios cambios.

4. Tanto Christian A. Schwarz en *Los 3 colores del ministerio*, (Terrassa, Editorial CLIE, 2001), 100-134, como Wagner 272 hablan detalladamente sobre estos dones adicionales.

5. Mi libro *La Explosión de los grupos celulares en los hogares*, (Terrassa: Editorial CLIE, 2000) trata detalladamente los resultados de mi estudio científico.

6. Richard B. Gaffin Jr., como se cita en Wayne A. Grudem, ed. *Are Miraculous Gifts for Today?* (Grand Rapids, Mich.: Zondervan, 1996), 62..

7. John Wimber, as quoted in Steven W. and Victoria L. Long, *The Word of Knowledge: A Historical, Biblical, and Applicational Study* (Pasadena, Calif.: Fuller Theological Seminary, 1989), 187.

8. La enseñanza en el aula y los powerpoints de John Wimber durante su curso sobre Señales y Maravillas en el Fuller Theological Seminary, como los cita John F. Maher Jr. As the Spirit Wills: Leadership and Administration in the Local Church for the Manifestations of All the Gifts of the Spirit (Pasadena, Calif.: Fuller Theological Seminary, 1992), 86.

9. Distintas encuestas sobre dones son: la encuesta sobre dones del Dr. Mel Carbonell que contiene un inventario de dones y la evaluación de personalidad DISC (ver www.uniquelyyou.com); la encuesta sobre dones de Alvin J. WanderGriend (Christian Reformed Church, CRC Publications); la encuesta sobre dones de Paul Ford (ChurchSmart Resources); la prueba de dones de Christian Schwarz (CLIE).

10. Robert L. Saucy, como se cita en Grudem, 141.

11. Greg Ogden, como se cita en Ford, 49.

Capítulo 7: Dones de servicio y formación

1. Todo el que quiera leer una completa exposición de las cuatro posiciones diferentes sobre la controversia que rodea los dones del Espíritu debería leer el libro editado por Wayne A. Grudem *¿Son vigentes los dones milagrosos?* Es una excelente obra introductoria y representa cada punto de vista sobre el tema de forma equitativa.

2. Schwarz, 120.

3. Ron Nichols, *Good Things Come in Small Groups* (Downers Grove, Ill.: InterVarsity, 1985), 25.

4. George Mueller, como se cita en John Packo, *Find and Use Your Spiritual Gift* (Harrisburg, Pa.: Christian Publications, 1980), 52.

5. Packo, 64.

6. Desde principios de los años 1980, Peter Wagner y David Cho han declarado que el diez por ciento de los creyentes tienen este don. David Cho ha establecido que solo los que tienen el don de evangelización puede conducir a una célula a la multiplicación. Sin embargo, mi investigación de setecientos líderes de grupos celulares mostró que el don de evangelización no estaba relacionado con la habilidad de un líder para multiplicar un grupo celular, porque los líderes de grupos celulares aprovechan los dones de todos los del grupo. Es significativo

que la investigación de Christian A. Schwarz en *Los 3 Colores del Ministerio* (116) confirme que solo el diez por ciento tienen el don de evangelizar.

Capítulo 8: Dones de alabanza

1. Sally Morgenthaler, *Worship Evangelism* (Grand Rapids, Mich.: Zondervan, 1999).

2. W. E. Vine y F. F. Bruce, Vine's Expository Dictionary of Old New Testament Words (Old Tappan, N. J.: Revell, 1981). Vine define la palabra PROPHĒTEIA προ-φητεῖα (4394) como predecir el pensamiento y el consejo de Dios; *pro*, forth, phēmi, decir. Ver "profeta". En el Nuevo Testamento se usa (a) del don; e.g. Romanos 12:6; 1 Corintios 12:10; 13:2; (b) del ejercicio del don o de lo que se profetiza, e.g. Mateo 13:14; 1 Corintios 13:8; 14:6, 22 y 1Tesalonicenses 5:20, "profecía(s)"; 1 Timoteo 1:18; 4:14; 2 Pedro 1:20, 21; Apocalipsis 1:3; 11:6; 19:10; 22:7, 10, 18, 19. Vine dice: "Aunque la mayoría de las profecías del A.T. eran puramente predictivas, ver Miqueas 5:2, e.g. cp. Juan 11:51, profecía no es necesaria, ni siquiera principalmente, pre-decir. Es la declaración de lo que no se puede saber por medios naturales. Mateo 26:68, es la predicción de la voluntad de Dios, ya haga referencia al pasado, al presente o al futuro, ver Génesis 20:7; Deuteronomio 18:18; Apocalipsis 10:11; 11:3".

3. Ralph Neighbour, cinta de audio. *From Structures to the Incarnation of Christ,* 2003. Presentado en Houston y consultable en http://www.touchusa.org/avtraining.asp.

4. Keener, 120.

5. Wagner, 230.

6. Pat Robertson, como se cita en Long, 111.

7. John Bevere, *Thus Saith the Lord? How to Know When God Is Speaking to You through Another* (Lake Mary, Fla.: Creation House, 1999) 85–94.

8. Keener, 174.

Capítulo 9: Orar en los grupos celulares

1. Wagner, 75.

2. Email personal recibido el 12/11/2002 de Godfrey Kahangi, que pasó de líder de célula a asesor de pastor en Kampala Pentecostal Church en Kampala, Uganda. El pastor principal es Gary Skinner.

3. Entrenamiento interno para líderes de células (Singapore: Touch Ministries International, 1996), Section 5, 4.

4. Floyd L. Schwanz, *Growing Small Groups* (Kansas City, Mo.: Beacon Hill Press, 1995), 140.

5. Información obtenida de Miguel Robles, un pastor muy respetado en Buenos Aires, que investigó la iglesia.

6. C. Peter Wagner, *Churches That Pray* (Ventura, Calif.: Regal, 1993), 119.

BIBLIOGRAFÍA

Bevere, John. *Thus Saith the Lord? How to Know When God Is Speaking to You through Another.* Lake Mary, Fla.: Creation House, 1999.

Cattell, Everett Lewis. *The Spirit of Holiness.* Kansas City, Mo.: Beacon Hill, 1963.

Cho, Paul [David] Yonggi. *Successful Home Cell Groups.* Plainfield, N.J.: Logos International, 1981.

Clinton, Robert J. *Leadership Perspectives.* Altadena, Calif.: Barnabas Publishers, 1993.

Comiskey, Joel. *An Appointment with the King.* Moreno Valley, Calif: CCS Publishing, 2002, 2007.
———. *Cell Church Solutions.* Moreno Valley, Calif.: CCS Publishing, 2005.
———. *Home Cell Group Explosion.* Houston, Tex.: Touch Publications, 1998.
———. *Leadership Explosion.* Houston, Tex.: Touch Publications, 2001.
———. *Reap the Harvest.* Houston, Tex.: Touch Publications, 1999.

Crabb, Larry. *Connecting*. Nashville, Tenn.: Word Publishing, 1997.

Easum, Bill. "Emerging Trends for Effective Ministry in the 21st Century." *Journal for the American Society for Church Growth* (Spring 2001): 45.

Ford, Paul. *Unleash Your Church*. Pasadena, Calif.: Charles E. Fuller Institute, 1993.

Gorman, Julie. *Community That Is Christian*. Wheaton, Ill.: Victor Books, 1993.

Grudem, William, ed. *Son vigentes los dones milagrosos? Cuatro puntos de vista*. Terrassa: Editorial CLIE, 2004

Hocking, David. *The Seven Laws of Christian Leadership*. Ventura, Calif.: Regal, 1991.

Keener, Craig. *Gift Giver: The Holy Spirit for Today*. Grand Rapids, Mich.: Baker Academic, 2001.

Khong, Lawrence. *The Apostolic Cell Church: Practical Strategies for Growth and Outreach from the Story of Faith Community Baptist Church*. Singapore: Touch Ministries International, 2000.

Long, Steven W. and Victoria L. Long. *The Word of Knowledge: A Historical, Biblical, and Applicational Study*. Pasadena, Calif.: Fuller Theological Seminary, 1989.

Maher, John F., Jr. *As the Spirit Wills: Leadership and Administration in the Local Church for the Manifestation of All the Gifts of the Spirit*. Pasadena, Calif.: Fuller Theological Seminary, 1992.

Mallison, John. *Growing Christians in Small Groups*. London: Scripture Union, 1989.

Miller, Basil. *George Mueller: Man of Faith and Miracles*. Minneapolis, Minn.: Dimension Books, 1941.

Morgenthaler, Sally. *Worship Evangelism*. Grand Rapids, Mich.: Zondervan, 1999.

Murphy, Edward F. *The Gifts of the Spirit and the Mission of the Church*. Pasadena, Calif.: Fuller Theological Seminary, 1972.

Nichols, Ron. *Good Things Come in Small Groups*. Downers Grove, Ill.: InterVarsity, 1985.

Neumann, Mikel. *Home Groups for Urban Cultures*. Pasadena, Calif.: William Carey Library, 1999.

Pache, René. *The Person and Work of the Holy Spirit*. Chicago, Ill.: Moody, 1954.

Packo, John. *Find and Use Your Spiritual Gift*. Harrisburg, Pa.: Christian Publications, 1980.

Rutz, James H. *The Open Church*. Auburn, Maine: The Seed-Sowers, 1992.

Schwanz, Floyd L. *Growing Small Groups*. Kansas City, Mo.: Beacon Hill Press, 1995.

Schwarz, Christian A.*Los 3 colores del ministerio,* Terrassa, Editorial CLIE, 2001.

Stedman, Ray C. *Body Life*. Glendale, Calif.: Regal, 1972.

Wagner, C. Peter. *Sus dones espirituales pueden ayudar a crecer a su iglesia,* Terrassa, Editorial CLIE, 1980
---*Churches that Pray, Ventura, Calif.: Regal Books, 1993.*

Wimber, John. *Healing Ministry and Church Growth.* Pasadena, Calif.: Fuller Theological Seminary, 1983.

Yohn, Rick. *Discover Your Spiritual Gift and Use It.* Wheaton, Ill.: Tyndale, 1983.

ÍNDICE

A

ADFA 55
administración 138, 139
Administradores 120
alabanza 7, 41, 46, 53, 54, 55, 56, 57, 58, 59, 60, 61, 62, 63, 65, 67, 69, 70, 79, 104, 109, 110, 112, 135, 138, 152, 158, 159, 160, 161, 163, 165, 167, 169, 171, 173, 175, 195, 198
alcoholismo 47, 142
amargura 48, 75
ambiente 9, 12, 13, 14, 54, 56, 58, 59, 62, 67, 70, 72, 73, 75, 85, 87, 93, 94, 96, 98, 102, 103, 104, 108, 109, 113, 126, 129, 133, 134, 161, 166, 178, 179, 210
Anaheim, California 109
Apocalipsis 100, 101, 159, 198
Apóstoles 120
arqueología 92
asamblea de Dios 14
asesor 18, 83, 194, 198, 209, 213
Ayuda 120, 121, 140

B

bautismo del Espíritu Santo 24, 25
bautistas 13, 25
Biblia 4, 17, 24, 27, 44, 61, 62, 64, 82, 83, 121, 150, 164, 169, 170
Bill Mangham 107

C

California 10, 11, 21, 23, 24, 71, 85, 97, 109, 142, 165, 183, 215
caminata de oración 187, 188, 189
Capilla del Calvario 24, 193
características 15, 170
carismáticas 13, 193
Carl Everett 184

CCS Publishing 4, 193, 194, 195, 199
Cecilia Belvin 178
celibato 18, 122
Celyce 11, 35, 203, 215
Cena del Señor 93
charis 113
charismata 113, 117, 118, 121, 126, 128, 133, 140, 196, 203
Chuck Smith 24
Colosenses 42, 48, 93, 190
comunicación 38, 86
comunidades orgánicas 104
Comunidad Shekinah 23, 24
comunión 15, 42, 48, 49, 55, 60, 76, 78, 86, 94, 104, 106, 166, 195
conocimiento 14, 39, 40, 41, 62, 64, 66, 72, 73, 101, 102, 103, 114, 120, 145, 146, 147, 148, 149, 164, 165, 166, 195
consejería 73, 133, 146
Constantino 93
corazón 11, 15, 32, 44, 50, 54, 56, 59, 60, 63, 69, 70, 73, 77, 107, 118, 146, 162, 164, 167, 179, 183
Corintios 29, 36, 37, 72, 93, 94, 95, 99, 114, 116, 117, 119, 120, 121, 122, 126, 135, 138, 139, 141, 143, 145, 146, 147, 148, 149, 153, 158, 159, 160, 162, 164, 167, 168, 169, 170, 171, 174, 175, 180, 195, 196, 198
Costa Mesa, California 24
Craig Keener 25
creatividad artística 18, 122
creyente 10, 24, 47, 62, 114, 115, 116, 118, 119, 124, 125, 126, 127, 141, 161, 163, 164, 166, 168, 184, 213
cristianismo 2, 93, 190
cristianos 17, 21, 25, 41, 53, 54, 58, 61, 62, 67, 68, 91, 92, 97, 100, 102, 107, 108, 119, 161, 163, 169, 173, 175, 178, 179, 182, 186, 195, 210, 211, 213
cuerpo de Cristo 2, 7, 33, 77, 78, 92, 93, 94, 95, 96, 97, 99, 101, 103, 105, 107, 109, 110, 117, 119, 128, 133, 161, 163, 164, 171, 196
curación 72, 73, 74, 75, 76, 77, 78, 79, 80, 82, 84, 85, 128, 171, 172, 173, 174, 175, 179

D

David Hocking 67, 195
David Yonggi Cho 101
definición 15, 113
Dirección 120
Discernimiento 120, 122, 175
Discernimiento de espíritus 120, 122, 175
discipular 15, 155
discípulos 11, 26, 27, 65, 101, 125, 145, 146, 191, 214
D. L. Moody 21
doctrina 17, 72, 94
dones de formación 122, 145
dones de oración y adoración 122
dones de servicio 138
dones de servicio incluyen 121
dones espirituales 1, 12, 18, 95, 96, 97, 99, 100, 102, 103, 104, 105, 106, 108, 109, 110, 112, 113, 114, 116, 117, 118, 119, 121, 123, 125, 126, 129, 130, 131, 132,

133, 134, 137, 138, 139, 160, 162, 171, 176, 191, 194, 202

E

Ecuador 11, 215
edad de la participación 104
edad de la representación 104
edificación 72, 84, 96, 99, 117, 130, 133, 148, 153, 160, 162, 165, 170, 176
Efesios 18, 22, 48, 62, 92, 94, 97, 99, 100, 119, 120, 122, 145, 148, 149, 152, 153, 154, 155, 195
Elton Trueblood 100, 196
enfermedad 74, 81, 100, 111, 147, 171, 172, 187
Enseñanza 120, 122, 149
Escrituras 14, 18, 22, 26, 27, 28, 37, 39, 45, 60, 61, 63, 64, 72, 76, 80, 93, 94, 101, 116, 117, 122, 133, 146, 151, 159, 168, 177, 178, 214
escuchar 14, 15, 17, 29, 30, 43, 58, 60, 65, 80, 82, 101, 113, 146, 147, 149, 151, 161, 163, 210
escuela dominical 15, 99
Espectadoritis 100
Estados Unidos 107, 171, 215
eternidad 50, 97, 192
Europa 10, 26
evangélico 2, 21, 107
evangelismo de alabanza 161
evangelización 17, 54, 55, 105, 106, 107, 123, 130, 132, 135, 142, 145, 152, 153, 154, 155, 179, 180, 191, 197, 213
Evangelización 122, 154
evangelizar 1, 15, 135, 179, 198

Everett Lewis Cattrell 45
Exhortación 120, 122, 145
exorcismo 18, 122

F

familia de Dios 94, 97, 98
Fe 120, 122, 143
flexibilidad 15, 121, 139, 142
formación 7, 122, 138, 139, 141, 143, 145, 147, 149, 151, 153, 155, 197
Foursquare 23
fruto del Espíritu 119

G

Generosidad 120, 121, 140
George Barna 13, 193, 195
George Mueller 144, 197, 201
Ginger Powers 10
gracia de Dios 32, 113, 114, 115, 126
Graig Keener 169, 195
grupos corazón 15
grupos de vida 15
grupos llenos del Espíritu 7, 53, 55, 57, 59, 61, 63, 65, 67, 69, 73, 75, 79, 81, 83, 85, 87, 195

H

habilidades 110, 118, 131
Harold Weitz 157
Hebreos 63, 70, 76, 77, 152, 175
Hechos 1, 25, 28, 66, 93, 96, 140, 141, 142, 144, 145, 146, 149, 152, 153, 154, 159, 161, 167, 168, 171, 174, 175, 176, 195
homogeneidad 15
hospitalidad 18, 106, 114, 122
Hudson Taylor 144

I

iglesia en casa 93, 94, 173
Iglesia es un hospital 87
Iglesia primitiva 93, 95, 96, 104, 110
iglesias celulares 2, 193, 210, 211
influencia 16, 65, 68, 175, 193
inspiración de las Escrituras 94
intercesión 17, 178, 181
intergeneracionales 58

J

Jehová 32
Jerusalén 12, 167
Jesucristo 33, 72, 73, 75, 85, 97, 115, 117, 175, 179, 180, 192
Joel Comiskey 2, 3, 4, 7, 24, 158, 209, 210, 211, 212, 213, 214, 215
John Bevere 168, 198
John Wimber 121, 126, 196, 197
Josafat 56

K

Kathryn Kuhlman 165, 175

L

Larry Crabb 78, 196
Lawrence Khong 13, 193
Lenguas 120, 122, 168, 170
líder 14, 16, 17, 18, 26, 30, 31, 32, 33, 37, 38, 40, 41, 42, 47, 48, 49, 50, 59, 60, 63, 66, 67, 70, 73, 74, 75, 76, 79, 80, 81, 82, 83, 85, 86, 87, 102, 104, 106, 111, 112, 123, 124, 130, 131, 132, 133, 140, 142, 143, 147, 150, 160, 166, 173, 174, 176, 179, 186, 193, 194, 197, 198, 210, 213
liderazgo 9, 11, 18, 28, 29, 38, 42, 67, 96, 110, 112, 123, 138, 145, 151, 152, 153, 191, 193, 194, 212, 213
Liderazgo 7, 122, 151
Liderazgo lleno del Espíritu 7
líder de alabanza 59
llenarse del Espíritu 7, 23, 25, 27, 29, 31, 33, 195
lleno del Espíritu 4, 7, 10, 58, 191
logos 62, 205
Long Beach Alliance 35
Long Beach, California 9, 23
Lorgia Haro 37, 38
Los Angeles, California 85

M

Martha Nelson 175
martirio 18, 122
Mateo 54, 65, 66, 74, 83, 115, 141, 143, 153, 159, 174, 175, 180, 191, 195, 198, 214
Matt Redman 59
meditación 62
Melbourne, Australia 49
memorización 62
metodistas 13
Michael Neumann 38
milagros 9, 78, 130, 137, 144, 158, 173, 174, 175, 179
Milagros 120, 122, 174
ministerio 1, 5, 9, 11, 12, 13, 14, 15, 26, 42, 48, 54, 56, 59, 66, 70, 71, 72, 78, 79, 80, 86, 92, 95, 96, 102, 104, 105, 113, 125, 126, 130, 133, 134, 138, 140, 142,

150, 153, 154, 159, 161,
163, 166, 170, 171, 173,
174, 176, 178, 180, 183,
189, 194, 196, 197, 201,
209, 210, 212, 213
misericordia 57, 99, 101, 106,
114, 115, 123, 130, 132,
139, 141, 142, 166
misionero 10, 26, 99, 122, 144,
215
misiones 1, 10, 18, 214
Moreno Valley, California 97
multiplicación 49, 102, 105,
123, 152, 153, 155, 160,
183, 195, 197
música 18, 59, 60, 122

N

NASA 33
niños 58, 74, 104, 144, 188
no creyentes 54, 58, 105, 118,
124, 154, 161, 162, 181,
182
Nuevo Testamento 36, 61, 65,
91, 92, 93, 94, 113, 125,
137, 138, 153, 154, 160,
194, 198

O

obedecer 28, 65, 66
Omar Cabrero 184
oración 15, 18, 23, 26, 27, 38,
42, 48, 49, 50, 55, 60,
75, 79, 86, 87, 105, 107,
112, 122, 138, 147, 158,
166, 168, 169, 172, 173,
174, 177, 178, 179, 180,
181, 182, 183, 184, 185,
186, 187, 188, 189, 190,
191, 211
oración concertada 186
Organización 121, 139

P

Palabra 7, 14, 15, 30, 31, 39, 41,
42, 43, 53, 54, 55, 57, 58,
59, 60, 61, 62, 63, 64, 65,
66, 67, 68, 69, 70, 75, 85,
101, 102, 104, 120, 144,
147, 149, 150, 151, 159,
166, 168, 171, 195
Palabra de conocimiento 120
Palabra de sabiduría 120
Pasadena, California 21
Pastor 122, 152
pastores 2, 12, 30, 92, 100, 101,
104, 108, 116, 125, 152,
177, 178
Pat Robertson 1, 165, 198
Paul E. Pierson 1
Pedro 75, 96, 115, 152, 159, 176,
183, 198
pentecostales 13, 193
Pentecostés 25, 29, 33, 91
Peter Wagner 1, 5, 121, 124, 154,
165, 178, 186, 193, 194,
196, 197, 198
pobreza voluntaria 18, 122
poder sobrenatural 9, 68, 163,
175, 179
poema 98
posmoderna 1, 104
Praga, República Checa 25
preguntas estimulantes 17, 210
Profecía 120, 122, 158, 160, 164
profecía inspiracional 160, 161
profecía reveladora 164, 165,
166, 167
Proverbios 73, 82
punto de vista constitucional
124, 125
punto de vista situacional 126,
127

R

Ray Stedman 121
Recursos de Joel Comiskey 7, 209, 210, 211, 212, 213, 214
Reforma 100
Reino de Dios 2
responsabilidad 96, 102, 106, 132, 157, 193
revelaciones del futuro 159
rhema 62, 63, 206
Rick Yohn 121, 196
Riza Hassell 139
Robert J. Clinton 121, 193, 196
Romanos 44, 93, 94, 99, 103, 113, 119, 120, 121, 122, 127, 139, 140, 141, 142, 143, 145, 148, 149, 151, 153, 154, 168, 174, 176, 194, 195, 198
Ron Nichols 143, 197

S

sacerdocio 100, 101, 104
Salmos 31, 32, 39, 76, 195
Salomón 28
Samaria 12
sanador 76, 80
San Diego, California 71
Sanidad 120, 122, 171
Santiago 45, 65, 106, 141, 143, 147, 149, 171, 173
Satanás 10, 32, 44, 75, 76, 84, 176, 181, 185
Scott Kellar 183
servicio 7, 23, 54, 66, 101, 119, 128, 130, 133, 138, 139, 141, 142, 143, 145, 147, 149, 151, 153, 155, 161, 173, 197
Singapur 13

sobrenatural 9, 11, 16, 68, 91, 95, 96, 97, 147, 163, 172, 175, 179

T

talentos naturales 118, 119, 196
temor al fracaso 82, 117
Tennesse 42
teológica 14
Tesalonicenses 117, 145, 151, 152, 161, 168, 175
trabajo manual 122
transformación 33, 42, 47, 56, 62, 64, 69, 77, 84, 86
transparencia 17, 66, 67, 68, 84
Trinidad 22, 98, 195

V

visiones 148, 159, 164, 165
Vivir en el Espíritu 7, 37, 39, 41, 43, 45, 47, 49, 195
voluntad de Dios 46, 47, 48, 183, 184, 198
voz del Espíritu Santo 43

W

Wayne A. Grudem 138, 197
Wellspring 11, 103, 207, 215
www.joelcomiskeygroup.com 3, 4, 209, 215

Y

Youth With a Mission 10

RECURSOS DE JOEL COMISKEY

Los libros previos en español de Joel Comiskey cubren los siguientes temas:
- Dirigiendo un grupo celular (*Cómo dirigir un grupo celular con éxito*, 2001)
- Cómo multiplicar el grupo celular (*La explosión de los grupos celulares en los hogares*, 1998)
- Cómo prepararse espiritualmente para el ministerio celular (*Una cita con el Rey*, 2002)
- Cómo organizar en forma práctica su sistema de células (*Recoged la cosecha*, 2001, 2011)
- Cómo entrenar futuros líderes de células (*La explosión de la iglesia celular*, 2004)
- Cómo dar mentoría/cuidar de líderes celulares (*Cómo ser un excelente asesor de grupos celulares*, 2003; *Grupos de doce*, 2000; *De doce a tres*, 2002)
- Principios de la segunda iglesia más grande del mundo (*Elim*, 2004).
- Cómo funciona una iglesia celula en Norteamérica (*La Iglesia que se multiplica*, 2007)
- Cómo plantar una iglesia (*Plantando iglesias que se reproducen*, 2010)
- Cinco libros de capacitación (*Vive, Encuentro, Crece, Comparte, Dirige*, 2011)

Se puede conseguir todos los libros listados de
"Joel Comiskey Group" llamando al
1-888-511-9995
por hacer un pedido por Internet en
www.joelcomiskeygroup.com
info@joelcomiskeygroup.com

Como dirigir un grupo celular con éxito:
para que las personas quieran regresar

¿Anhela la gente regresar a vuestras reuniones de grupo cada semana? ¿Os divertís y experimentáis gozo durante vuestras reuniones? ¿Participan todos en la discusión y el ministerio? Tú puedes dirigir una buena reunión de célula, una que transforma vidas y es dinámica. La mayoría da cuenta que puede crear un ambiente lleno del Señor porque no sabe cómo. Aquí se comparte el secreto. Esta guía te mostrará cómo:

- Prepararte espiritualmente para escuchar a Dios durante la reunión
- Estructurar la reunión para que fluya
- Animar a las personas en el grupo a participar y compartir abiertamente sus vidas
- Compartir tu vida con otros del grupo
- Crear preguntas estimulantes
- Escuchar eficazmente para descubrir lo que pasa en la vida de otros
- Animar y edificar a los demás miembros del grupo
- Abrir el grupo para recibir a los no-cristianos
- Tomar en cuenta los detalles que crean un ambiente acogedor.

Al poner en práctica estas ideas, probabas a través del tiempo, vuestras reuniones de grupo llegarán a ser lo más importante de la semana para los miembros. Van a regresar a casa queriendo más y van a regresar cada semana trayendo a personas nuevas con ellos. 140 páginas.

La explosión de los grupos celulares en los hogares; Cómo su grupo pequeño puede crecer y multiplicarse

Este libro cristaliza las conclusiones del autor en unas 18 áreas de investigación, basadas en un cuestionario meticuloso que dio a líderes de iglesias celulares en ocho países alrededor del mundo—lugares que él personalmente visitó para la investigación. Las notas detalladas al fin del libro ofrecen al estudiante del crecimiento de la iglesia celular una rica mina a seguir explorando. Lo atractivo de este libro es que no sólo resume los resultados de su encuesta en una forma muy convincente sino que sigue analizando, en capítulos separados, muchos de los resultados de una manera práctica. Se espera que un líder de célula en una iglesia, una persona haciendo sus prácticas o un miembro de célula, al completar la lectura de este libro fácil de leer, ponga sus prioridades/valores muy claros y listos para seguirlos. Si eres pastor o líder de un grupo pequeño, ¡deberías devorar este libro! Te animará y te dará pasos prácticos y sencillos para guiar un grupo pequeño en su vida y crecimiento dinámicos. 175 páginas.

Recursos de Joel Comiskey

Una cita con el Rey:
Ideas para arrancar tu vida devocional

Con agendas llenas y largas listas de cosas por hacer, muchas veces la gente pone en espera la meta más importante de la vida: construir una relación íntima con Dios. Muchas veces los creyentes quieren seguir esta meta pero no saben como hacerlo. Se sienten frustrados o culpables cuando sus esfuerzos para tener un tiempo devocional personal parecen vacíos y sin fruto. Con un estilo amable y una manera de escribir que da ánimo, Joel Comiskey guía a los lectores sobre cómo tener una cita diaria con el Rey y convertirlo en un tiempo emocionante que tienes ganas de cumplir. Primero, con instrucciones paso-a-paso de cómo pasar tiempo con Dios e ideas prácticas para experimentarlo con más plenitud, este libro contesta la pregunta, "¿Dónde debo comenzar?". Segundo, destaca los beneficios de pasar tiempo con Dios, incluyendo el gozo, la victoria sobre el pecado y la dirección espiritual. El libro ayudará a los cristianos a hacer la conexión con los recursos de Dios en forma diaria para que, aún en medio de muchos quehaceres, puedan caminar con él en intimidad y abundancia. 175 páginas.

Recoged la cosecha;
Como el sistema de grupos pequeños puede hacer crecer su iglesia

¿Habéis tratado de tener grupos pequeños y habéis encontrado una barrera? ¿Os habéis preguntado por qué vuestros grupos no producen el fruto prometido? ¿Estáis tratando de hacer que vuestros grupos pequeños sean más efectivos? El Dr. Joel Comiskey, pastor y especialista de iglesias celulares, estudió las iglesias celulares más exitosas del mundo para determinar por qué crecen. La clave: han adoptado principios específicos. En cambio, iglesias que no adoptan estos principios tienen problemas con sus grupos y por eso no crecen. Iglesias celulares tienen éxito no porque tengan grupos pequeños sino porque los apoyan. En este libro descubriréis cómo trabajan estos sistemas. 246 páginas.

La Explosión de la Iglesia Celular: *Cómo Estructurar la Iglesia en Células Eficaces* (Editorial Clie, 2004)

Este libro se encuentra sólo en español y contiene la investigación de Joel Comiskey de ocho de las iglesias celulares más grandes del mundo, cinco de las cuales están en Latinoamérica. Detalla cómo hacer la transición de una iglesia tradicional a la estructura de una iglesia celular y muchas otras perspicacias, incluyendo cómo mantener la historia de una iglesia celular, cómo organizar vuestra iglesia para que sea una iglesia de oración, los principios más importantes de la iglesia celular, y cómo levantar un ejército

Recursos de Joel Comiskey

Grupos de doce; Una manera nueva de movilizar a los líderes y multiplicar los grupos en tu iglesia

Este libro aclara la confusión del modelo de Grupos de 12. Joel estudió a profundidad la iglesia Misión Carismática Internacional de Bogotá, Colombia y otras iglesias G12 para extraer los principios sencillos que G12 tiene para ofrecer a vuestras iglesias. Este libro también contrasta el modelo G12 con el clásico 5x5 y muestra lo que podéis hacer con este nuevo modelo de ministerio. A través de la investigación en el terreno, el estudio de casos internacionales y la experiencia práctica, Joel Comiskey traza los principios del G12 que vuestra iglesia puede ocupar hoy. 182 páginas.

De doce a tres:
Cómo aplicar los principios G12 a tu iglesia

El concepto de Grupos de 12 comenzó en Bogotá, Colombia, pero ahora se ha extendido por todo el mundo. Joel Comiskey ha pasado años investigando la estructura G12 y los principios que la sostienen. Este libro se enfoca en la aplicación de los principios en vez de la adopción del modelo entero. Traza los principios y provee una aplicación modificada que Joel llama G12.3. Esta propuesta presenta un modelo que se puede adaptar a diferentes contextos de la iglesia.

La sección final ilustra como implementar el G12.3 en diferentes tipos de iglesias, incluyendo plantaciones de iglesias, iglesias pequeñas, iglesias grandes e iglesias que ya tienen células. 178 paginas.

Explosión de liderazgo; Multiplicando líderes de células para recoger la cosecha

Algunos han dicho que grupos celulares son semilleros de líderes. Sin embargo, a veces, aún los mejores grupos celulares tienen escasez de líderes. Esta escasez impide el crecimiento y no se recoge mucho de la cosecha. Joel Comiskey ha descubierto por qué algunas iglesias son mejores que otras en levantar nuevos líderes celulares. Estas iglesias hacen más que orar y esperar nuevos líderes. Tienen una estrategia intencional, un plan para equipar rápidamente a cuantos nuevos líderes les sea posible. En este libro descubriréis los principios basados de estos modelos para que podáis aplicarlos. 202 páginas.

Elim; Cómo los grupos celulares de Elim penetraron una ciudad entera para Jesús

Este libro describe como la Iglesia Elim en San Salvador creció de un grupo pequeño a 116.000 personas en 10.000 grupos celulares. Comiskey toma los principios de Elim y los aplica a iglesias en Norteamérica y en todo

Recursos de Joel Comiskey

Cómo ser un excelente asesor de grupos celulares; Perspicacia práctica para apoyar y dar mentoría a líderes de grupos celulares

La investigación ha comprobado que el factor que más contribuye al éxito de una célula es la calidad de mentoría que se provee a los líderes de grupos celulares. Muchos sirven como entrenadores, pero no entienden plenamente qué deben hacer en este trabajo. Joel Comiskey ha identificado siete hábitos de los grandes mentores de grupos celulares. Éstos incluyen: Animando al líder del grupo celular, Cuidando de los aspectos múltiples de la vida del líder, Desarrollando el líder de célula en varios aspectos del liderazgo, Discerniendo estrategias con el líder celular para crear un plan, Desafiando el líder celular a crecer.

En la sección uno, se traza las perspicacias prácticas de cómo desarrollar estos siete hábitos. La sección dos detalla cómo pulir las destrezas del mentor con instrucciones para diagnosticar los problemas de un grupo celular. Este libro te preparará para ser un buen mentor de grupos celulares, uno que asesora, apoya y guía a líderes de grupos celulares hacia un gran ministerio. 139 páginas.

Cinco libros de capacitación

Los cinco libros de capacitación son diseñados a entrenar a un creyente desde su conversión hasta poder liderar su propia célula. Cada uno de estos cinco libros contiene ocho lecciones. Cada lección tiene actividades interactivas que ayuda al creyente reflexionar sobre la lección de una manera personal y práctica.

Vive comienza el entrenamiento con las doctrinas básicas de la fe, incluyendo el baptismo y la santa cena.

Encuentro guíe un creyente a recibir libertad de hábitos pecaminosos. Puede usar este libro uno por un o en un grupo.

Crece explica cómo tener diariamente un tiempo devocional, para conocer a Cristo más íntimamente y crecer en madurez.

Comparte ofrece una visión práctica para ayudar a un creyente comunicar el evangelio con los que no son cristianos. Este libro tiene dos capítulos sobre evangelización a través de la celula.

Dirige prepare a un cristiano a facilitar una célula efectiva. Este libro será bueno para los que forman parte de un equipo de liderazgo en una célula.

Recursos de Joel Comiskey

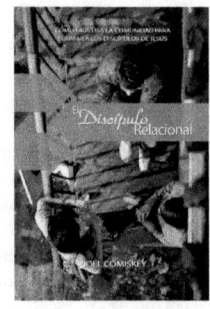

El Discípulo Relacional: Como Dios Usa La Comunidad para Formar a los Discípulos de Jesús

Jesús vivió con sus discípulos por tres años enseñándoles lecciones de vida en grupo. Luego de tres años les mandó que "fueran e hicieran lo mismo" (Mateo 28:18-20). Jesús discipuló a sus seguidores por medio de relaciones interpersonales—y espera que nosotros hagamos lo mismo. A lo largo de las Escrituras encontramos abundantes exhortaciones a servirnos unos a otros. Este libro le mostrará cómo hacerlo. La vida de aislamiento de la cultura occidental de hoy crea un deseo por vivir en comunidad y el mundo entero anhela ver discípulos relacionales en acción. Este libro alentará a los seguidores de Cristo a permitir que Dios use las relaciones naturales de la vida: familia, amigos, compañeros de trabajo, células, iglesia y misiones para moldearlos como discípulos relaciones.

Joel Comiskey (Ph.D. Fuller Seminary) es un consultor de reconocida fama internacional. Ha servido como misionero de la Iglesia Cristiana y Misionera en Quito, Ecuador, y es el pastor fundador de Wellspring, una iglesia basada en células en el sur de California. Joel ha escrito varios libros best-sellers acerca del movimiento de Iglesias celulares, y enseña como pastor visitante en varios seminarios teológicos. Joel y su esposa, Celyce, tienen tres hijas y viven en Moreno Valley, estado de California, Estados Unidos de América.

www.ingramcontent.com/pod-product-compliance
Lightning Source LLC
LaVergne TN
LVHW020927090426
835512LV00020B/3250